在日汉语教学下的
日本学习者动宾搭配习得

李　佳　著

东北大学出版社
·沈　阳·

ⓒ 李 佳 2022

图书在版编目（CIP）数据

在日汉语教学下的日本学习者动宾搭配习得 / 李佳
著 . — 沈阳：东北大学出版社，2022. 11
ISBN 978-7-5517-3149-2

Ⅰ . ①在… Ⅱ . ①李… Ⅲ . ①汉语—语法—对外汉语
教学—教学研究 Ⅳ . ①H195. 3

中国版本图书馆 CIP 数据核字（2022）第 208064 号

出 版 者：东北大学出版社
　　　　　地址：沈阳市和平区文化路三号巷 11 号
　　　　　邮编：110819
　　　　　电话：024-83680176（总编室）　　83687331（营销部）
　　　　　传真：024-83687332（总编室）　　83680180（营销部）
　　　　　网址：http: // www. neupress. com
　　　　　E-mail: neuph@neupress. com
印 刷 者：沈阳市第二市政建设工程公司印刷厂
发 行 者：东北大学出版社
幅面尺寸：170 mm×240 mm
印　　张：12
字　　数：196 千字
出版时间：2022 年 11 月第 1 版
印刷时间：2022 年 11 月第 1 次印刷
责任编辑：潘佳宁
责任校对：郎　坤
封面设计：潘正一

ISBN 978-7-5517-3149-2　　　　　　　　　　　定 价：68. 00 元

前　言

众所周知，汉语动宾搭配在五大句法结构中结构意义最为复杂，也最为灵活，且汉语语法的诸多问题都与动宾结构相关，因此，掌握好动宾搭配是日本汉语学习者准确运用汉语语法的关键所在。在不断推进国别化教学的今天，以日本学习者汉语习得为对象的研究却不多见，尤其是以初级和中级两个级别学习者为对象的研究更是少之又少。本书紧紧围绕日本学习者典型动宾搭配和典型动宾式离合词离析形式习得中的问题点、难点及重点进行层层剖析研究，并从认知心理学和国别化的视角深入分析和探讨，力求窥见学习者的习得状况、特点及其主要影响因素。希望可将本书的研究结果利用在日汉语教学的课堂上，改善动宾搭配教学方法，提高日本汉语学习者词语搭配的运用能力。

第一，对日本初级汉语教材中典型动宾搭配的收录情况进行了考查。典型搭配是语言交流中高频出现的词语组合，典型动宾搭配习得在汉语习得中占有重要位置，本书将此作为重中之重来考查研究。本书以"日本汉语初级阶段学习指导大纲　学习词汇表"中的198个名词为节点词，对日本各大学汉语专业近年来使用的8本一年级教材中典型动宾搭配的收录情况进行了考查，并依据语料库语言学的研究方法，对比分析了日本本土教材和TORCH2009语料库中同节点词的典型动宾搭配的差异。结果发现，初级教材中典型动宾搭配数量收录比率较低：语料库中的低频搭配在教材中有所提及；培养学习者"读""写"技能的设计内容不充实等。由此建议：教材应该优先录入话题使用范围广的典型搭配；教师在教学中应把更多注意力用在高搭配频次、高搭配强度的典型搭配上，实施有效教学。

第二，对日本汉语学习者的典型动宾搭配习得情况进行了分析研究。实践证明，要最大限度地实现表达的准确性和流利度，是离不开典型动宾搭配的。也正是基于该意识，本书重点讨论了日本初、中级汉语学习者在动宾搭配接受性和产出性知识习得上的异同，并通过对其进行测试和对比分析，取得数据。在此基础上，又利用了SPSS中的单因素方差分析和曼-惠特尼U检验，对数据进行对比和描述性统计分析。结果发现，日本学习者搭配知识与一般词汇量的增长不共时，动宾搭配的接受性知识好于产出性知识。在学习者产出的偏误搭配中，偏误类型主要有逐词对译造成的错误、语义偏误、语法偏误、语用偏误以及自创动词五种。根据偏误类型，将影响学习者动宾搭配习得的因素分为3组、6个因素（日汉有相同语素/日汉无相同语素、动词为基本义/动词非基本义、动宾为离析形式/动宾非离析形式），对产出性和接受性测试所得数据进行了描述性统计分析和验证分析。建议教师把学习者的学习薄弱点作为教学的强化点，帮助学习者意识到典型搭配的重要性，实现词汇与其典型搭配的同步教学。

第三，通过对20名初级学习者的前导性研究，了解到动宾式离合词离析形式的习得要难于动宾搭配离析形式。在此基础上，对两所大学汉语专业一年级48名学习者的动宾式离合词离析形式接受性和产出性习得情况进行测试实验。测试结果发现，出现的偏误类型主要有动宾式离合词带动态助词的偏误、带补语的偏误、带宾语的偏误、带定语的偏误及介词搭配的偏误。这也再次表明，初级学习者能够正确使用的离合词仅限于几个常见离合词的常用离析形式，对离合词的全面认识还远远不够。产生偏误的主要原因：一是汉语习得中的母语负迁移影响严重；二是离析形式的输入和输出频率不足；三是对离合词的过度泛化；四是教学因素的影响。对此，就确定离合词重点教学范围、加强离析形式的输入频率、统一各教材中离合词标记及建立离合词独立语法教学体系等问题，提出相应对策与建议。

第四，对在日汉语动宾搭配教学进行思考并提出建议。对母语负迁移影响严重、动宾搭配产出性知识习得水平明显低于接受性知识、一般词汇量与动宾搭配知识拓展不共时等三个问题，进行了深刻的阐述与分析。在发现影响因素的同时，对在日汉语动宾搭配教学进行了反思，并对完善教材内容、改善教学方法等提出了一系列建议。

本书的研究结果，打破了二语习得研究领域里一直以来多以"词汇习得"为对象的研究框架，为研究者们提供了以"词语搭配习得"为对象的新研究视角，拓宽了研究空间。将认知心理学理论的运用，从二语词汇习得推进到二语词语搭配习得上，为动宾搭配习得拓展了新的理论分析方向。同时，用于研究而自行构建的"日本本土初级汉语教材语料库"（共计654544字），以及研究结果中大量关于日本初级汉语教材的统计数据、日本初中级学习者习得情况的分析数据，可为在日汉语教学提供有效的基础数据资料。

在日汉语教学中典型动宾搭配占有重要地位，如能科学地、有效地实施典型动宾搭配的教学，将能更好地提高日本学习者的汉语水平，推动在日汉语教学的发展。

李　佳
2020年1月

目　录

第1章 绪 论

1.1 选题理由

词语是语言构成必不可少的一个单位，也是语言构成不可或缺的要素。"现代语言学之父"Saussure（1916—1983）在20世纪初就提出一个观点：语言中存在数量众多的"预制性短语"（ready-made phrases），"具有特别的结构或意义，而这种结构或意义上的特别之处不是临时生成的，而是习用而来的"；"用一个结构体的要素构成一个新的单位……当一个复合概念是由一连串非常常见的重要单位构成时，大脑就会放弃分析，选择一条捷径：把概念应用于整个符号串上，从而变成了一个单一的单位"。Saussure在此点明了"单位"的重要特征之一：整体性——无须分析可整体应用。Saussure认为，关系是构成语言状态的基础，可分为横组合关系（syntagmatic）和纵聚合关系（paradigmatic）两类。在使用语言时，人们更多的是利用一些预制好的语言片段，这些预制片段作为一个整体被理解、记忆、存储和提取。Becker（1975）认为，人类语言交际时使用的语言的记忆和存储、输出和使用并不是以词为单位，而是以固定和半固定模式化的板块结构——语块为最小单位。由此可见，人们进行语言交际时无法只用单独的词语，只有把词语组合起来，才能使交际变得有效和顺畅。词语搭配是具有语法结构关系、可重复出现的词语组合，在使用上习惯性很强，规律性相对较弱。因此，词语搭配是语言学的重要概念之一。

实际上，语言的母语使用者（native speaker）存储的词汇数量十分庞大，对于词语的运用手法也多种多样：有的可临时、任意使用，有的却是以编制好的固定或半固定格式来使用。人们能熟练并流利地操纵某种语言，实际意味着能准确、熟练地运用并搭配这些大脑里的数量庞大的词汇。能够自由地使用一种语言，不但包括流畅地表达，还意味着能够把握好交际时所发生的各种情况，能在语境上实现上下文的衔接与连贯。如此兼具选择性、灵活性及弹性的语义与句法相结合的语言表达形式——词语搭配，对语言交际活动的影响力非常之大，不可忽视。

动宾搭配结构，作为词语搭配五大句法结构之一，具有表现形式极其繁杂、使用频率最高的特点。其使用的复杂性与高频性，使动宾搭配结构一直广受学界关注，是词语搭配中最具研究价值的句法结构之一。近年来，词语搭配尤其是动宾搭配引起学者的广泛关注，研究成果不断涌现。但是，将汉语作为第二语言教学研究的却是少而又少，研究也不够深入、系统，基于语料库数据和统计指标的实证性研究成果尚不多见。本书认为，既要掌握汉语动宾搭配的概况及规律，也要深入了解学习者动宾搭配习得的实际情况，这样才能系统地安排动宾搭配的教学内容，建立高效的词语搭配教学模式。因此，进行动宾搭配的二语习得教学和研究有着极其重要的意义。

1.2 研究对象

Hoey（2005）经过研究发现典型搭配是构成语言自然度的关键因素，也就是说在二语学习中，如果掌握了典型动宾搭配即高搭配频度、高搭配强度的动宾搭配，学习者输出语言的自然度就会增加，因此典型搭配在词语搭配习得中具有重要作用。随着汉语作为第二语言教学研究的不断深入，出现了一个重要的趋势——国别化研究受到越来越多学者的重视和推崇。同为汉字文化圈语言的日语，其中很多书写符号是汉字，因此，日本学习者学习汉语具有一定的优越性。但同时日本学习者还具有一定的特殊性，区别于非汉字文化圈学习者。正是以上优越性和特殊性，会引发一些具有"日本特色"的词语搭配偏误发生。这些偏误十分值得深入研究。据此，本书把研究对象确定为：在日汉语教学下的典型动宾搭配习得。

1.3 研究内容

本研究着眼于在日汉语教学的对象——日本汉语学习者,分析学习者调查问卷中动宾搭配的使用情况,通过辨明动宾搭配习得中的问题点及其原因,来实现动宾搭配的有效教学,提高学习者的词语搭配运用能力。将以下四个方面作为本书的研究内容。

第一,日本本土初级教材中的高频动宾搭配有哪些,在汉语母语者语料库中,以这些高频动宾搭配的名词为节点词的动宾搭配有哪些,两者存在哪些区别。

第二,初级和中级日本学习者典型动宾搭配产出性和接受性知识习得情况如何,在产出方面会出现哪些偏误类型,影响动宾搭配习得的因素是什么。

第三,动宾搭配的离析形式是汉语习得的难点之一,其中动宾式离合词的离析形式更难习得。这一离析形式的产出性和接受性知识习得中会出现哪些偏误,产生这些偏误的原因是什么。

第四,从认知心理学视角出发,分析影响因素是怎样作用于日本学习者动宾搭配习得的,在教学方面应采取哪些对策。

1.4 研究目的

Stubbs(1995)表示,如果外语教育的目的是培养学习者的语言运用能力,那么关于学习者外语使用状况的研究则是外语教育的出发点,也是外语教育结果的重要标准之一。他指出了通过数据分析对外语使用状况进行系统考查的重要性。学习者二语使用状况的研究、中介语与目标语言的整合研究、学习者母语的词语搭配研究,这三者一并被列为词语搭配教学中的三大重要研究(Granger,1998;滝沢,1999;小宫,2003)。通过考查学习者实际产出的语言实例,可以探讨以下课题:首先,可以判断现阶段学习者的学习情况,例如能够正确运用哪些知识,哪些知识还没有掌握；其次，可以探索到学习者的习得难点，对解读习得过程有所帮助；最后，从中介语的视角出发，可以分析学习者受到了母语的哪些影响，教材和教学方法存在哪些问题点，对今后的教学指导将有所启示和帮助。

本书的研究目的是通过分析日本汉语学习者动宾搭配的使用现状，辨明学习者在动宾搭配习得上存在的问题点及其原因，并将研究结果运用到在日汉语教学的课堂上，提高日本学习者汉语词汇的运用能力。

■ 1.5 研究方法

词语搭配的研究已发展到语料库的自然语言处理领域，引起了语言学界的很大关注。在语料库出现之前，词语搭配研究大多靠研究者自己所收集的有限语料样本或用语感来判断，因此难以保证研究的代表性与全面性，造成了研究结果的局限性。随着语料库语言学的迅速发展，词语搭配的研究手段与方法呈现多样化，研究效度和信度明显提高，关于学习者词语搭配行为的描述也更加深入详尽。

目前，语料库数据支持的词语搭配研究主要有两种途径。一种是基于数据的方法。以关键词（中心词）为中心，以语料库检索的数据为依据，研究者在传统语法搭配类型的框架内依据数据对结构内词项的组合行为进行概括和探讨。另一种是数据驱动的方法。在数据的引导下进行全部研究和描述，跳出了传统语法等先入为主的观念，靠自动化程序对语料库内节点词（node word）的所有搭配词进行提取和统计测量，得出显著搭配词（田宏梅，2006）。

本书尝试在以上两种研究方法的基础上，对日本学习者的动宾搭配习得进行分析和研究。具体分为以下三种研究方法。

第一，语料库方法：基于语料库的考查与分析。

众所周知，汉语语料库所提供的语料不仅真实可靠、层次明晰，而且对语言的不同层面有着详细的描写，可达到语言计量研究的效果，是开展大范围研究的极好资源。本书主要利用的是170万汉字的TORCH2009

语料库[①]。

第二，规则和统计相结合的方法：以语言学和统计学为准则。

基于规则（rule-based）的方法和基于统计（statistic-based）的方法是自然语言处理中众多研究领域常用的方法，同样适用于词语搭配研究领域。基于规则的方法，一般由语言学家基于语料和内省的办法总结规则后进行自然语言处理，可对语言学知识实现较好的概括和解释，但是因为对覆盖面大小难以确定而导致对规则间竞争冲突等问题很难把握，因此基于规则的方法有其瓶颈之处；相比较而言，基于统计的方法利用人工标注或者从语料库中进行抽取，时间短、耗力少，但却缺乏语言学知识的支持。统计方法各有千秋，将两者结合起来更能有效实现自然语言领域的任务处理。本书将统计方法与规则方法相结合：文本分析以规则方法为主，典型搭配的抽取识别则以统计方法为主，并且使用了近年来主流的统计指标。使用到的统计指标如下。

F (n, c)：节点词与搭配词共现频次；

F (n)：节点词频次；

F (c)：搭配词频次；

N：文本总词频；

S：跨距；

MI score：互信息值；

T score：T值。

第三，理论与实践相结合的方法：认知心理学理论对词语搭配习得机制的解释和运用。

本书根据语料库数据和词语搭配统计指标，对母语者使用的搭配和学习者产出的搭配进行对比分析，考查母语者和日本学习者在搭配知识、搭配运用能力上的异同以及日本学习者动宾搭配的习得状况。此外，根据认知心理学中的二语习得机制，分析学习者产出偏误搭配的原因，探讨影响词语搭配习得的各种因素。

---

① TORCH2009 的全称为 Texts of Recent Chinese（现代汉语语料库）。该语料库是由中国 64 所高校的 115 名教师和硕士生及博士生参与语料收集和校对，共同创建的。该语料库大小为 1087619 词，1703635 字。

■ 1.6 结构安排和使用材料

第1章，为绪论部分，阐述选题理由、研究内容及研究方法。

第2章，为文献综述，汇总分析目前已有的词语搭配习得相关研究成果，提出有待提升的研究空间，点明本书创新之处。

第3章，基于日本本土初级汉语教材，以"日本汉语初级阶段学习指导大纲　学习词汇表"中的名词为节点词，利用笔者自行构建的"日本本土初级教材语料库"，主要探讨日本汉语初级教材中的高频动宾搭配有哪些，通过语料库语言学的研究方法，对比分析了日本本土汉语教材中和语料库中同节点词的高频动宾搭配有何差异，并对日本初级汉语教材中的词语搭配编纂提出了建议。

第4章，重点讨论日本初级和中级汉语学习者在动宾搭配接受性和产出性知识习得上的不同。首先，选取了初、中级典型动宾搭配。其次，通过实验考查了日本初级、中级汉语学习者典型动宾搭配的接受性习得和产出性习得情况。主要探讨了三个问题：① 搭配知识与一般词汇量的增长是否成正比；② 典型动宾搭配的接受性习得是否好于产出性习得；③ 动宾搭配的习得受哪些因素的影响。在研究中对初、中级被试组的数据结果进行了详细对比、描述性统计分析，并利用SPSS中的单因素方差分析（One-Way ANOVA）和曼-惠特尼U检验（Mann-Whitney U analyses）对学习者的搭配偏误类型和影响因素进行了验证分析和讨论。

第5章，重点讨论了日本初级汉语学习者在动宾搭配离析形式习得上的难点，并将视点对焦于难中之难的动宾式离合词的离析形式。在对日本本土初级汉语教材中收录的动宾式离合词及其离析形式分析的基础上，通过接受性和产出性测试来探讨初级学习者在此类动宾搭配方面的习得情况和偏误特点，对其偏误类型和偏误原因进行分析，并提出了相应的教学建议。

第6章，从认知心理学视角出发，对第4章和第5章提出的重点问题进行了解读和阐述，利用认知心理学中的研究理论解释了以下三个问题：① 母语迁移对日本学习者的词语搭配习得会产生哪些影响；② 动宾搭配的产出性习得水平为何低于接受性搭配习得；③ 为何一般词汇量与动宾搭配知识的拓展不共时。并针对各问题提出了相应的教学对策和建议。

第 7 章，概述本研究的结论，探讨未来的研究方向。

本书具体研究框架如图 1-1 所示。

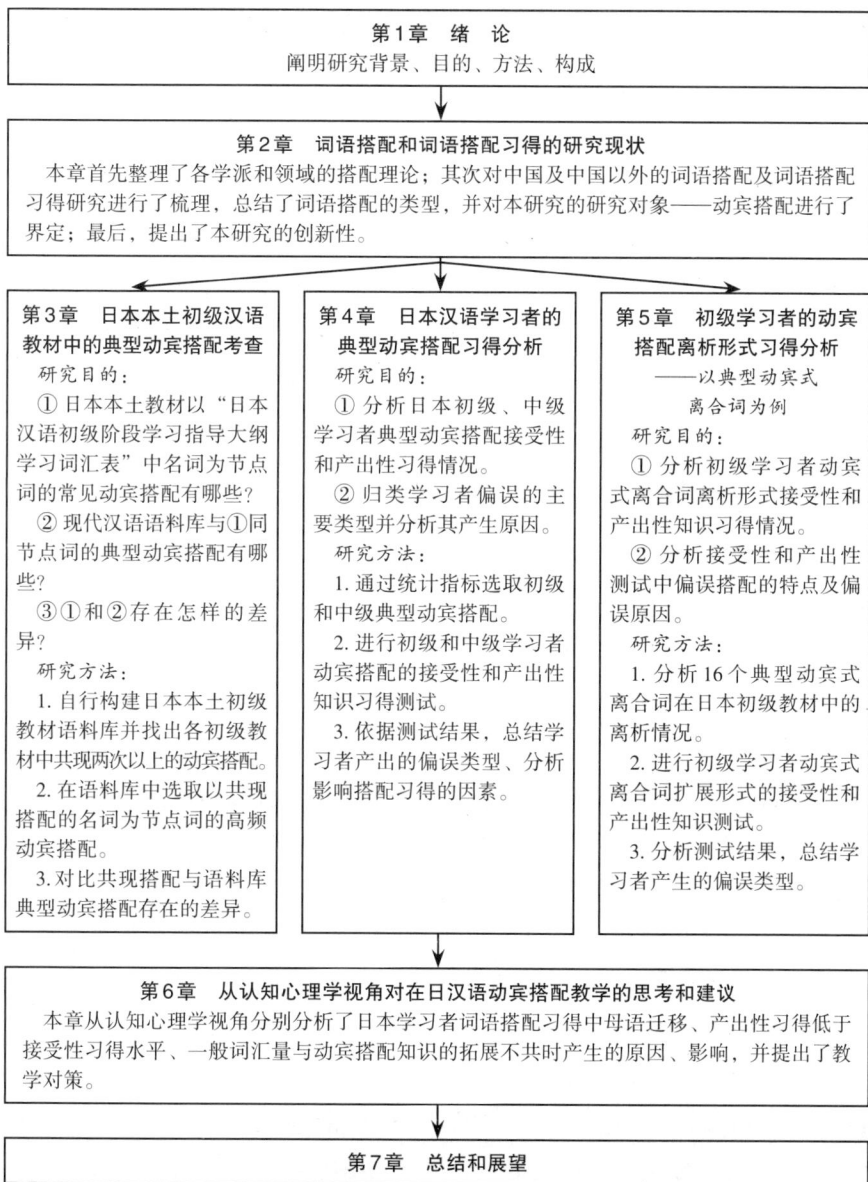

第 1 章　绪　论
阐明研究背景、目的、方法、构成

↓

第 2 章　词语搭配和词语搭配习得的研究现状
本章首先整理了各学派和领域的搭配理论；其次对中国及中国以外的词语搭配及词语搭配习得研究进行了梳理，总结了词语搭配的类型，并对本研究的研究对象——动宾搭配进行了界定；最后，提出了本研究的创新性。

↓

第 3 章　日本本土初级汉语教材中的典型动宾搭配考查
研究目的：
① 日本本土教材以"日本汉语初级阶段学习指导大纲学习词汇表"中名词为节点词的常见动宾搭配有哪些？
② 现代汉语语料库与①同节点词的典型动宾搭配有哪些？
③ ①和②存在怎样的差异？
研究方法：
1. 自行构建日本本土初级教材语料库并找出各初级教材中共现两次以上的动宾搭配。
2. 在语料库中选取以共现搭配的名词为节点词的高频动宾搭配。
3. 对比共现搭配与语料库典型动宾搭配存在的差异。

第 4 章　日本汉语学习者的典型动宾搭配习得分析
研究目的：
① 分析日本初级、中级学习者典型动宾搭配接受性和产出性习得情况。
② 归类学习者偏误的主要类型并分析其产生原因。
研究方法：
1. 通过统计指标选取初级和中级典型动宾搭配。
2. 进行初级和中级学习者动宾搭配的接受性和产出性知识习得测试。
3. 依据测试结果，总结学习者产出的偏误类型、分析影响搭配习得的因素。

第 5 章　初级学习者的动宾搭配离析形式习得分析
——以典型动宾式离合词为例
研究目的：
① 分析初级学习者动宾式离合词离析形式接受性和产出性知识习得情况。
② 分析接受性和产出性测试中偏误搭配的特点及偏误原因。
研究方法：
1. 分析 16 个典型动宾式离合词在日本初级教材中的离析情况。
2. 进行初级学习者动宾式离合词扩展形式的接受性和产出性知识测试。
3. 分析测试结果，总结学习者产生的偏误类型。

↓

第 6 章　从认知心理学视角对在日汉语动宾搭配教学的思考和建议
本章从认知心理学视角分别分析了日本学习者词语搭配习得中母语迁移、产出性习得低于接受性习得水平、一般词汇量与动宾搭配知识的拓展不共时产生的原因、影响，并提出了教学对策。

↓

第 7 章　总结和展望

图 1-1　本书研究框架

第2章 词语搭配和词语搭配习得的研究现状

　　词语搭配作为现代语言学的一个重要研究课题，各种分支学科和流派都著有数量众多的关于词语搭配尤其是动宾搭配的论述。本章首先收集并梳理了各学派和领域提出的搭配理论；其次对国内外词语搭配及词语搭配习得的研究进行了梳理，然后总结了词语搭配的类型，并对本研究的研究对象——动宾搭配进行了界定；最后提出了本研究的创新之处。

2.1　各学派领域的搭配理论

2.1.1　Firth 学派的搭配理论

　　在现代语言学中，英国伦敦的 Firth 学派的搭配理论研究可谓最为深入、历时最长、影响最大。Firth（1957）的"观其伴而知其意（You shall know a word by the company it keeps）"成为今天语料库语言学和计算语言学进行词义消歧的基本依据。Firth 的研究主要集中于语义学和语音学两大领域。Firth（1951）在探讨意义的模式问题时，从分析英语的打油诗入手，指出词首"sl-（slight 等词）"经常和贬义的上下文语境相连，由此提出了搭配（collocation）的概念，认为词语和语音片段的意义可以从搭配中显现出来。Firth 为了从社会和语境的角度出发，建立一般的适用于具体（而非通用的）语言描写的语言理论，在 *A Synopsis of Linguistic Theory：1930 ~ 1955*（1957）中，系统地提出了描写（descriptive）的语言学理论。在谈及语境、语义和搭配问题时，Firth 引用了 Wittgenstein 的名言"词语的意义在于它们的使用（the meaning of words lies in their use）"，提出了"观其伴而知其意"的论断。随后，区分了习惯性搭配和普通搭配，并指出搭配是词语之间的"相互期待"。

1960 年，Firth 不幸早逝，他的两位学生 Sinclair 和 Halliday 继承并发展了语境理论和搭配研究。继承描写语法的理论的是 Sinclair，他将 Firth 关于"搭配见义"的原则体现在如何解释英语的词语意义、用法上，把 Firth 关于新型词典的设想推进并趋于完善。作为语料库语言学的第一代学者，Sinclair 主持了著名的 COBUILD 语料库建设，通过海量的语言数据的关键词索引（key word in context，KWIC）、频率统计等手段，在上下文搭配中描写词语特性，编写了 COBUILD 等重要的英语词典。而 Halliday 不仅把 Firth 的语言理论发展成为系统功能语法，在搭配研究上也贡献颇多。Halliday（1966）和 Sinclair（1966）提出了词语学（lexis）研究中三个密切关联的概念：词项（lexical item）、搭配和词语集（lexical set）。他们认为，搭配研究必须是以语料库为依据的，并提出了一些概念，如节点词（node）、搭配词（与节点词搭配的词语）、跨距（节点词和搭配词的距离），并提出了从语料库提取搭配例证的方法①。Jones 和 Sinclair（1974）完成了第一篇基于语料库的词语搭配研究报告。该研究确立了一系列重要原则和基本方法，包括跨距界定、统计方法、搭配词与节点词相互吸引力的测量、显著搭配的确定，等等②。

Firth 学派的研究开启了对搭配的定义、搭配的定性和定量研究的历史性新篇章，对搭配在语料库构建、词典学等中的应用做出了卓越的贡献。

2.1.2　乔姆斯基的选择限制理论

Firth 学派对搭配的研究基本属于词汇学领域，而生成学派主要完成了对句法层的搭配研究。选择限制（selectional restriction）一般认为是生成语义学的贡献，乔姆斯基（1957）在讨论疑问句转换时，针对动词对主宾语的选择性，曾使用了"有生"和"无生"名词，生成语法不仅考

---

① 卫乃兴. 搭配研究 50 年：概念的演变与方法的发展 [J]. 解放军外国语学院学报，2003，26（2）：11-15.

② 同上。

虑动词的句法环境还考虑动词与名词的搭配关系。因此在词库中，对所有动词和名词词项都一一标注了类别信息，分别是范畴特征（category feature）、动词的严格次范畴特征（subcategory feature）以及选择特征（selectional feature）。《句法理论的若干问题》（1965）在分析句子 "sincerity may frighten the boy" 时，对动词 frighten（吓唬）进行了如下描写：

$$\text{frighten}\ [+V，+\text{——}NP，\text{——}\ [+N]\ \text{——}\ [+动物，…]$$

+表示具备某特征，–表示不具备某特征（上例中未出现），——表示动词的省略。基本意思是：吓唬，是动词（范畴特征），后接 NP（严格次范畴特征），后接的名词必须是动物（选择特征）等。

而对名词 boy 的描写是：

$$\text{boy}\ [+N，+可数的，+普通的，+动物，+人类]$$

基本意思是：男孩，是名词性的，是普通名词，是动物，是人类。所以，动词 frighten 可以支配名词 boy。该选择限制理论至今仍被生成学派沿用。

2.1.3　生成语义学

Katz 和 Fodor 是乔姆斯基的学生，因在研究句法时发现语义的缺位给研究带来困扰，于是希望可以提出语义理论来解决不便。他们想到了"把词库中的词语语义分解"，在表征词语时，不仅使用句法标记（grammatical makers），而且加入了语义标记（semantic markers），除了对动词的每个论元都进行了语义选择限制的描写，还把词库中的所有名词标明了语义和词类标记。他们创建了生成句子的新方式——投射规则（projection rules）。

2.1.4　神经语言学的选择限制实验

神经语言学把研究重心放在了动词对论元的选择限制问题上，认为大脑的语义操作活动是主要因素。Friederici（1993）认为，动词对论元的选择限制是一个语义层面的 N400 效应，并实施了多种语言的实验进行证明。李雪松（2004）把汉语动词对宾语的搭配选择限制作为研究对象，使用认知行为反应时的方法进行了实验。该实验针对宾语位置上典型名词不同语义特征的违反进行测试，结果表明，汉语及物动词的心理词典中存在宾语信息，这些信息的语义区分细腻、精确，可以限制动词进行选择。但是，本实验的前提是把动词对论元的选择限制限定在语义类和语义特征方面，所以无法从根本上证明动词对论元的选择限制完全是语义问题，只能说违反语义的那些动名组合会引起的显著反应，是大脑对语义操作时生成的一种信号。

2.1.5 认知语义学的搭配研究

认知语义学对搭配问题的研究主要针对论元角色理论、隐喻模式的描写和习语分析。生成学派语言学家 Fillmore 提出了框架语义学，着重对动词的框架元素及其与句法位置的对应关系进行描写。Fillmore 和 Atkins（1992）认为，词语的意义只与背景相关，经验的结构化背景会演化成对意义理解时的概念前提。如 buy、sell、charge、spend、pay 和 cost 等动词都处于财物、金钱、物质交易的背景下，因此在理解时，货物、商品、金钱、购买者、售卖者就应包含在其知识框架内。但六个动词对框架元素在句法上的凸显（highlight）情况不同，特别是宾语的框架元素不同，如 buy 的直接宾语是货物，spend 的直接宾语是金钱。Fillmore 的研究虽然没有直接解释搭配限制问题，但对于动词与同一句法位置上不同的论元角色的组合关系有重要认识。从事生成词汇学研究的 Pustejovsky（1991）则注意到，一个动词除了自身意义外，也可以在不同的语境中述谓其他的活动。如 enjoy a book，enjoy a cup of coffee 中的 enjoy 就分别对应汉语中的"读"和"喝"两种活动。

2.2 词语搭配的研究现状

2.2.1 语义学层面的搭配研究

从训诂学开始，中国就有把词语意义和词语上下文语境结合在一起考查的传统，传统训诂学"随文释义"就是指在语言环境中解释词义，根据词的搭配对象理解词语的语义。苏宝荣（2000）认为，"传统训诂学启发我们，词义存在于组合之中。严格地说，从上下文中确定词义主要是根据词义在这种组合关系中的表现进行的"，但"随文释义"主要用于解读古文经典，考查词语组合是为了考证字形、字义，并没有把词语组合本身作为研究对象。现代汉语的词语搭配研究最早是在词汇语义学的框架下进行的，自20世纪50年代开始，汉语词义研究有了很大的进展。周祖谟（1959）、张世禄（1956）等对现代汉语词义的性质、同义词和反义词进行了探讨，强调在组合关系中考查同义词的词义、色彩、用法，考查同义词的用法要注意同义词的应用范围以及词和词的配合关系。当时词义组合研究基本为个别词语的举例性研究。90年代以后，随着西方现代语义学理论开始传入中国，汉语词汇语义研究得到了全面推进，词在各种不同意义上的结合能力、词在结合中意义的变化越来越受到研究者的关注。词语研究已经不限于语言内部聚合关系的描写，而是扩展到词义的组合分析。词义的组合研究主要包括以下两方面的内容。

第一，研究词义的组合能力。

这类研究成果中具有代表性的是符淮青（1996）、王惠（2004）等学者的研究。符淮青（1996）以"打""红"为对象，分析了两个词的构词能力和结合能力。在分析"打"的结合能力时，分别考查28个义项上的"打"在各个语法功能上的结合能力，如宾语分布情况和补语分布情况等。发现"打"在搭配宾语名词时限制较多，不同义项的"打"的组合能力各不相同。在考查"红"的结合能力时，主要考查了"红"字在不同意义上的语法功能以及搭配能力，发现"红"能结合的词语范围有很大的不同，能出现的句子格式也明显不同，有的限制少，有的则具有很大的限制。研究发现词语搭配（词义组合）除了语法限制外，还存在其他限制，其中一些具有任意性。词语义位组合情况的描写分析在王惠（2004）的研究中得到进一步的发展。在《现代汉语名词词义组合分析》中，王惠（2004）分析了4300余个名词义位的组合情况，指出搭配既与词汇有关也与句法有关，有些甚至与语言习惯、修辞用法等多种因素都有关系。同时还提出了"语法限制"和"搭配限制"的概念。"搭配限制"主要体现在词汇和结构两个方面，词汇方面的限制表现为搭配词语限于某种特定的语义类，搭配对象限于某些特定的词语；结构方面的限制体现在特定的格式上，如"给……颜色看"，以及一些固定结构上。

第二，探讨词义和搭配的关系。

张志毅（2005）从不同角度对语素义和词义在组合中的细微变异进行了一系列有益的理论探索，认识到义位进入组合后形成的变异，其中大多数是义位的变体。苏宝荣（2000）认为，"就某种意义上说，词的组合关系制约和决定着词的聚合关系，词义的全部区别性特征最终是在词的组合关系中形成、变化并得以显现的。"很多研究者都从历史的角度考查了词义和搭配的关系。蒋绍愚（2000）指出词的组合关系的历史变化，主要有两个方面：① 一个词，即使词义基本不变，但是不同的历史时期的搭配关系存在差异；② 在某一时期的语言平面中，不仅保有上一时期的旧词和旧语法成分，而且产生了新词和新语法成分，新旧的组合关系并不相同。张博（1999）从历史角度对源自词语组合关系的词义演变现象进行了细致分析，指出"组合同化"是传统词义引申理论不足以涵盖说明的，而且组合同化是有方向的，制约组合同化方向的是组合体中两要素的语义地位。李红印（2007）把义位组合分析看作汉语颜色词语义分析的有机部分，从构词层面（语素和语素组合）、句法层面和词汇搭配层面分析归纳了现代汉语中的颜色词。通过语义组合分析，阐述了现代汉语颜色词与其他成分组合时表现出的语义新情况。张讳三（2005）考查了自先秦到魏晋南北朝时期的一组饮食类动词和一组交通类动词在搭配上发生的变化，找出其搭配面貌的异同，认为"同"显示了一个词的词语搭配历史继承性，而"异"则显示了历史发展性。在分析一个词的词语搭配的历史继承性和历史发展性的同时，就可以看出一个词的意义、用法、功能等方面的变迁，词语搭配的历时变化，反映了一个词意义的变化。张志毅（2005）认为词语搭配给义位提供了语境意义，并指出"义位的语境意义的研究突破了语言的自足王国封闭系统，向言语使用扩展，向言语主体扩展，向言语环境扩展"。这有利于探索义位在语言环境中的细微变体或变异，有利于在第二语言习得过程中，在没有掌握目的语的情况下理解词语或话语的类型。

上述两个方面的研究，大致确定了词义组合研究的理论基础和研究思路：词义组合研究应该以语法功能为框架，以义项为基本单位，来研究词语的组合能力和语义变化。词汇语义层面的搭配研究侧重的是词语的语义和组合能力的互为因果性，研究重点并非词语搭配本身。

2.2.2 词语层面的搭配研究

词语层面的搭配指的是在一定的句法框架下，具体词语之间的搭配问题。20世纪八九十年代出现了以汉语词语搭配为研究对象的热潮，对汉语词语搭配的性质和分类问题展开了集中讨论，如邢公畹（1980）、文炼（1982）、马挺生（1986）、宋玉柱（1990）、常敬宇（1990）、朱永生（1996）等学者的研究。

学者们在20世纪80年代曾争论过"我喝饭"这样的错误搭配是属于语法问题还是词汇问题。当时重要的文献之一是邢公畹（1980）的《语词搭配问题是不是语法问题》，他认为从深层次看还是语法问题。之后的研究者认为或是语义问题，或是语义与语法的综合体，也有的研究者认识到词语搭配不仅是语法、语义问题，还包含着习用性问题。常敬宇（1990）表示词语搭配"归根到底是语义（或称事理逻辑）问题"。判断动宾搭配恰当与否，动词和宾语在语义特征上能否结合是关键。文中举例："克服困难""解决问题"可以说，但"克服问题"不能说，究其原因要深入分析动词"克服"和名词"问题"的义位特征。苏新春（1997）等也都认为词语搭配和语义系统有密切关系。与上述的语义说不同，文炼（1982）认为词语搭配是选择性的一种表现，这种选择性既可以表现于词汇上，也可以表现于语法上，词语搭配是词汇和语法的结合。林杏光（1990）在《词语搭配的性质与研究》中认为：词语搭配既与词义有关，也与语法有关，因此属于词汇语法范畴，或叫语义语法范畴。一些研究者还注意到词语搭配存在着习用性因素，马挺生（1986）认为搭配和词的意义有关，同时也受习用范围的限制，语言中有许多词的相互搭配，固然要根据词本身的词义，同时也要根据一定的搭配习惯。如"热烈、剧烈、强烈、激烈"跟"抖动、讨论、争论、抗议"组合时，不能是任意的，必须根据词义和搭配习惯组成"热烈地讨论、剧烈地抖动、强烈地抗议、激烈地争论"。宋玉柱（1990）认为，词语搭配要分清三种情况：一种是语法选择的搭配，一种是约定俗成的搭配，还有一种是事理上的搭配。"约定俗成的搭配不是语法问题，它只是一种习惯，虽然语法也是一种习惯，但它有类比作用，而约定俗成的搭配却没有类比性"。也有的学者建议从更广阔的视角来研究词语搭配的性质问题，如王希杰（1995）认为搭配不仅仅是个语言问题，它牵涉到很多非语言因素，如交际情景、社会文化、民族心理和个人心理。李葆嘉（2003）认为，词语搭配首先受制于基于认知事理的语义关联原则，同时又受到其他因素的影响，约而言之，词语搭配具有四条基本原则：① 具有认识事理性（语义网络制约）；② 具有情境模型性（情境模型制约）；③ 具有社群习用性（社群习用制约）；④ 具有个人超常性（个人创新制约）。

邢公畹（1980）针对词语搭配的"计量性"问题进行了研究，提出"普通意义表达（即科学型语言）和非普通意义表达（即艺术型语言）的划分，以及把普通意义表达作为语法学研究对象，其实质是为下列工作打下基础：把语段中每个实词组所能产生的'联想检索'限制到一定的范围中来，以便发现其中的计量性。"其中的"计量性"就是指词语搭配的概率属性，即把词语搭配的研究限制在一定的范围内，进行量化研究，进而揭示词语搭配的量化特征。

2.2.3　多视角的词语搭配研究

近年来，研究者们运用很多新的理论研究搭配现象，其研究角度、方向新颖多样，运用认知理论、语言韵律理论、字本位理论等研究词语搭配的成果开始出现。

2.2.3.1　认知理论对词语搭配的解释

张国宪（1989a，1989b，1989c，1997）、王灿龙（2002）、齐沪扬（2004）、李晋霞（2008）、张颂（2007）、税莲（2007）等研究者都不同程度地借用了语言外部因素来研究词语搭配。张国宪（1997）的《"$V_双$+$N_双$"短语的理解因素》一文，运用原型理论，提出并深入研究了"双音节动词+双音节名词"的理解因素，包括三个方面：① 名词的生命度、定指度、控制度、语义角色；② 动词的及物性、动性强弱、语义制约；③ 结构节律的语法重音和音节，运用的理论丰富，有综合化趋势。张颂

（2007）的《汉语动名述宾组配的选择机制及其认知基础》，根据认知理论把动词和名词分成基本层次词、下位词和上位词，在此基础上，提出V+N搭配的最优选关系，并阐释了词语搭配的组配原理。王灿龙（2002）从认知语义出发，着重说明了如何选择偏正结构和动宾结构中的单双音节词的问题，提出了决定一个动宾结构是否合格的是认知上的"相邻原则"和"相似原则"，认知语义是最终决定句法组合的因素。李晋霞（2008）运用功能和认知语法的相关理论，如：典型性、生命度、具体度等概念，同时从音律结构和配价理论等多个角度，指出定中关系的$V_{双}$+$N_{双}$搭配的特点，在分析中把动宾关系的$V_{双}$+$N_{双}$作为参照物，用认知理论阐释了$V_{双}$+$N_{双}$搭配的同形异构现象，提供了理解汉语词语搭配结构的认知模式。税莲（2007）的《现代汉语词语搭配原理与动宾搭配研究》针对"场景"与"隐喻"对动宾搭配进行了研究，运用认知理论阐释现代汉语动宾搭配原理，并分析了动宾搭配产生的原因及其搭配方式。

2.2.3.2　音律搭配研究

很多学者都研究了词语搭配中的音律问题，如Lu Bingfu等（1991）、冯胜利（1998）、端木三（1999）、王洪君（2001）等。Lu Bingfu等（1991）提出"Nonhead Length Rule"，即在一个核心—非核心（或非核心—核心）的句法关系中，核心成分的长度不能超过非核心成分。动宾结构中宾语是非核心，所以宾语倾向于比动词长，三音节形式的动宾结构中，"1+2"音节形式好于"2+1"音节形式。端木三（1999）以重音理论为依据针对偏正结构、动宾结构中的音节组配问题进行了分析，提出"句法关系决定重音"的理论，即"辅重论"：一个结构中如果含有一个中心成分和一个辅助成分，那么辅助成分比中心成分重。动宾结构的中心词是动词，宾语是辅助词，因此宾语比动词重。"双音节动词+双音节名词"可以接受，但"双音节动词+单音节名词"结构中，动词比宾语重，违反了辅重原则，所以不能接受。

冯胜利（1998）运用普通重音规则分析了动宾结构中动、名词的音节组配问题。他认为，普通重音指的是一个句子在非特殊语境时所表现出的重音结构。"单音节动词+单音节名词""单音节动词+双音节名词"形式的动宾结构都符合普通重音的规则，因此这样的动宾结构可以接受，而"双音节动词+单音节名词"形式的动宾结构在重音表现上是"左重右轻"，因此不能接受。

2.2.3.3　字组理论与词语搭配

徐通锵（2001）使用了"字组"的概念。汉语的字组即"字的组合"，以字组中字的位置和字义之间的相互关系为依据来分析、考查字组的构造方法，称为"组字法"。组字法就是把原来能表达概念的字组织起来，构成字组去表达与该概念有关的新概念的方法。组字法研究以核心字的位置为参照点考查它与其他字的组配关系，核心字处后字的位置表义场，只有接受所组配的那个前字的限制、支配和修饰，才能使它本身抽象、宽泛、模糊的意义具体化、明确化；核心字处前字的位置表义素或语义特征，其作用是去限制、支配、驾驭所组配的那个后字的字义，突出它能与哪些类的现实现象（义场）发生限制和修饰关系。核心字处后的字组称为"向心字组"，核心字处前的字组称为"离心字组"。笔者认为，字组中既包括词，也包括本书探讨的词与词之间的搭配，字组的结构和字组语义的对应规则也适用于词语搭配。王洪君（2005）在《动物、身体两义场单字组构两字的结构模式》一文中考查了字的有关信息：义场、所组两字组频次、组合能力等级（H/M/L）、[±语素]、[±黏着]、义场等级（H/M/L）、其他特征等。王洪君指出，在组构中，结构规则与语义规则是不可分割的两面。如"鸡""猪"都是可以吃的，但我们常说"去超市买只鸡吃吃"，却不说"去超市买头猪吃吃"。它们构造两字组的方式也有明显差异："鸡"可构成"烧鸡、烤鸡、卤鸡、腌鸡、炖鸡"等Vt+N→n 的两字组，"猪"却不能进入这一模式。这说明"鸡"具有［食品］特征，而"猪"不具有这一特征。字本位层面的词语搭配研究关注重点是组字的结构和字组语义特征的对应规则问题，在短语层面探讨"以字控词"的可能性和理据。

2.2.4　利用语料库语言学方法的搭配研究

随着计算机技术的不断进步与发展，大型语料库开始出现，西方研究者开始把语料库数据和统计方法应用于词语搭配研究，给词语搭配研究开辟了新的视野。中国从事自然语言处理的研究者，较早受到西方搭配概念和研究方法的影响，把西方的理论介绍到中国，20世纪90年代到21世纪的前十年出现了一批介绍西方词语搭配概念和研究方法的论文。孙茂松等（1997）、孙健等（2002）、卫乃兴（2002、2003）、邓耀臣（2003）、全昌勤（2005）、吴云芳等（2005），都介绍了西方运用语料库语言学方法研究词语搭配的相关情况，同时也开始尝试性地把这一方法运用到汉语词语搭配的研究中。

　　孙茂松等（1997）在《汉语搭配定量分析初探》一文中，融合国内外语言学和语料库语言学两方面与词语搭配相关的研究成果，提出了搭配定量评估体系和搭配判断算法，其中包含强度、离散度及尖峰值三项统计指标，并对该算法进行了初步测试。他们把新华社新闻语料库（约710万词次）作为工作平台，对"能力"一词构成的搭配在计算机内进行了详细分析。实验结果显示，就该词而言，算法自动发现搭配的准确率约为33.94%，这项研究的价值在于给汉语词语搭配研究打开了一片新天地。邓耀臣（2003）介绍了词语搭配研究中常见的三种统计方法，尤其详细地介绍了搭配研究中常见的MI值和T值的计算方法，并对每一种方法的优缺点进行了对比分析。全昌勤等（2005）对搭配的定义及搭配在自然语言处理中的应用做了介绍，着重分析了目前广泛使用的基于统计模型的词语搭配自动获取方法，并对衡量搭配强度的六种统计指标进行了详细的分析和比较。卫乃兴（2002）介绍和讨论了语料库论证支持的词语搭配研究的基本方法和主要原则。基本研究方法可分为"基于语料库数据"和"语料库数据驱动"两类。基于数据的方法以语料库索引为基本依据，在传统的句法框架内对词项的搭配进行检查与概括；数据驱动的方法基本上不以句法结构为框架，而是设计和采用一套概念体系、步骤和程序来提取、计算搭配词，凭借统计测量手段研究词语搭配数量的模式，或者采用技术手段提取和计算词丛。卫乃兴（2003）详细介绍了西方词语搭配的不同研究体系以及各研究体系的特点及其差异，并概括了搭配概念演变的脉络与研究方法发展的历史。吴云芳等（2005）和王惠（2004）基于语料库数据，对词语搭配的语义限制和语法功能、搭配能力进行考查和描写。吴云芳等（2005）在语料库数据中，详细分析了动词对宾语名词的语义限制情况，对46个能带体词性宾语的高频动词进行逐个分析，根据知网的概念分类系统，对动词所带的宾语名词的语义类作了整理，根据动词对宾语语义限制的情况，把动词搭配能力分为五种不同的类型。虽然她们的研究目的是服务于自然语言处理和词义消歧，研究的中心内容是描述动词对宾语的语义限制能力，但是研究结果对动宾搭配研究提供了很有价值的参考依据。

语料库语言学的研究方法——即语料库数据和统计计算相结合的方法，为词语搭配研究带来了新的视角，可以对搭配进行系统描述，发现在真实语言环境中词语搭配的分布特征，进而总结出词语搭配的规律。

2.2.5　计算语言学层面的搭配研究

计算语言学界对于搭配问题也十分关注，主要集中在搭配获取、搭配识别两个方面。

2.2.5.1　搭配获取

在电子文本大量涌现的今天，计算语言学家致力于从语料库中自动统计出词语搭配，这种行为被称为"搭配获取"，即获取搭配的"型"（types）。搭配获取是建立搭配知识库和词典编纂等的重要基础工作，Choueka（1983）是较早展开搭配获取研究的，该研究把搭配定义为"重复出现的紧邻的词构成的序列"，从《纽约时代周刊》（约 1100 万词）中提取了几千个常用英语搭配，如"fried chicken""home run"等。其主要缺陷是没有考虑搭配中两个词离析（非紧邻）的情形，如不能抽取"make…decision"等离析搭配。Church 和 Hanks（1990）将搭配的概念定为彼此具有关联性的词对，评价两个词的结合能力时，利用信息论中的互信息值，即 MI 值（Mutual Information）作为指标，并对约 4400 万词的新闻语料库（AP Corpus）进行了实验。该方法得到了紧邻和离析的搭配，但还没有考虑搭配的结构性，抽取的搭配中很多并不存在语法制约关系。Hindle（1990）也使用 MI 值来发现谓词和论元的关系，用 600 万字语料库观察两个词语之间的句法关系，建立主谓和动宾两种搭配类型。不过这些基于频率信息的统计方法不可避免地遇到数据稀疏的问题，对低频搭配获取效果较差。

Smadja（1993）提出了一个较出色的搭配获取系统 Xtract。利用文中提出的词语搭配强度和离散度的计算公式，在自动标注词性的1000万词的股票市场新闻语料库上进行搭配抽取，准确率高达80%。在基于频率的搭配的"型"的获取方面，该文的工作已接近极限。Xtract 系统利用了一种比较浅层的语言知识而引入的词性自动标注，在一定程度上解决了数据稀疏问题。

Lin Dekang（1998）利用句法分析器对语料库进行预处理，运用语言知识，把句法分析的结果作为输入，提取出词语之间的依存三元组，其模式为〈词语1：依存句法关系：词语f2〉。如根据"I have a dog"的句法分析结果，提取出〈have V：subj：N I〉，〈have V：comp1：N dog〉等三元组。为了减少自动句法分析带来的错误，该文提出了两点非常巧妙的限制：分析仅限长度为25个词语以内的句子，仅使用自动分析成功的句子。在共计一亿词次的《华尔街日报》和《圣何塞镜报》上自动抽取搭配，并在新闻、文学、科技等文体上分别测试，精确率均达到96%以上，达到了实用水平。

其后十年的研究，搭配获取在基于频率统计方法和借助句法分析的两大方式上不断发展。在实用系统方面，Kilgarriff（2004）介绍的 Sketch Engine 获得了研究者的极大反响，并被应用于多部语言词典的编纂工作。Sketch Engine 系统运用了两大策略：基于频率和基于语言知识，可抽取多种语法关系的搭配，并自动发现不同词语的搭配差异。在中国国内的汉语搭配获取方面，曲维光（2005）提出基于框架的词语搭配自动抽取方法，建立起多种统计信息量与语言知识相结合的词语搭配抽取模型，自动抽取词语的搭配信息、词语间位置关系以及语法结构关系。该研究以"能力"一词为例进行实验，对搭配框架设定不同的搭配窗口，由互信息、词频数、相对词序比等数据共同作用，筛选出"能力"一词的搭配。针对23年时长的《人民日报》语料进行自动分词和词性标注，形成规模约3亿词次的标注语料，搭配抽取的精确率达到84%，获得了良好的效果。

可以看到，计算语言学界在搭配获取方面进行的工作主要是依靠统计方法，借助一定的自动语言分析技术来缓解数据稀疏问题并提高获取的精度。

2.2.5.2　搭配识别

对于出现在句子中的搭配实例（tokens）的确定，称之为搭配的识别。搭配识别与搭配获取最大的区别是，在获取的时候只要得到搭配的"型"就可以，不关心每个句子中两个词究竟是否搭配。搭配识别的成果可以直接应用于完全句法分析和搭配获取。下面重点介绍和本研究相关的动宾搭配的识别研究。

孙宏林（1997）将规则和统计的方法相结合，利用大规模标注语料库来归纳语法规则，实现动宾搭配的识别，并通过充分缩小语法规则的颗粒度以提高其确定性。该研究利用从语料库中归纳出来的 14 条简单的语法规则去判断汉语中的"V+N"序列在什么情况下是一个合法的短语。开放测试中，准确率为 96.7%，召回率为 77.5%。

陈小荷（1999）采用两种方法计算关联程度，从词性标注语料（50万字）中自动获取动宾组合实例。一种是计算互信息，统计出互信息值居前 500 位的组合，正确率为 70%。另一种是依据同现次数排序，选取频度居前 500 位的组合，正确率为 87%。把未经校对的搭配数据用在动宾结构的自动标注，得到了 70% 左右的精确率和 80% 左右的召回率。

高建忠（2000）自动识别了"动词+抽象名词"的动宾搭配，提出了两个模型："匹配+词语相似度"模型和"匹配+语义限制"模型，在 2500万字语料上自动抽取搭配知识，在 50 万字语料上进行开放测试，两个模型的精确率分别为 83.50% 和 68.03%，召回率为 65.07% 和 84.98%。

王霞（2003）使用条件概率，基于"知网 2000"的语义搭配概率、音节搭配概率和跨度搭配概率，在 2000 句的开放测试中达到了 81.2% 的正确率。由于测试语料有一定限制，没有出示召回率。

王素格、杨军玲、张武（2006）在 500 万字语料上以 10 个汉语动词的动宾搭配为对象，实施识别实验，针对 4 种词语相关性度量和 3 种词语结构分布度量分别进行了对比分析，并提出了一种基于互信息与熵融合的获取词语搭配的方法。该研究对各种统计量和模型做了对比实验与融合，特别是对阈值调整作了非常细致的分析，还对比了不同同现频次对识别效果的影响，如对同现频次为 1、2~3、大于 3 的搭配抽取的最高 F 值分别为 45.62%、65.07% 和 83.85%。

程月（2008）在100万字的汉语树库中，运用机器学习方法中的CRF模型，对动宾结构进行了自动识别和多角度的考查，并对比分析了动词次范畴、词性、音节、上下文（上下文是否出现其他二价动词等）的特征及彼此间的组合效果。其中"词性+动词次范畴"成绩最好，开放测试精确率为87.92%、召回率为86.88%，大大提高了识别效果。

在动宾搭配的识别方面，中国学者完成了很多工作，已经取得了不错的效果。识别错误主要集中在未登录搭配、多层嵌套、搭配冲突（多个名词争夺一个动词，或反之）等方面。但是搭配识别的精度还不够高，离实用化还有距离，需要在语言模型上进行优化，更好地利用语言知识和语言资源。

2.3　词语搭配习得的研究现状

2.3.1　搭配知识的习得研究

搭配知识是词汇知识系统的重要组成部分之一，因此首先应该梳理一下与词汇知识习得相关的研究。许多学者都对词汇知识进行过界定，Cronbach（1942）提出词汇知识应该包括多个方面，如概括性、灵活性、准确性、应用性及词的宽度等，认为词的界定基础应该是多维性的。Nation（1990）提出了词汇知识的两大能力、四大层面和八大类型，在前人的基础上进一步细化了词汇知识，认为词汇知识包括词的语境、搭配、功能、场合、句法行为、形式、语义等方面的内容。Jiang（2000）、邢红兵（2009）等归纳了第二语言词汇知识内容，并提出了第二语言词汇习得的模型。邢红兵认为第二语言词汇知识包括读音、词形和意义三个部分，其中意义知识是核心，有三个方面：静态词汇知识（从第一语言可以直接获得的词汇知识）、动态知识（通过语言使用逐渐掌握的知识）、词语关系（来自目的语）。上述研究表明，词语的语义、形式、功能很大一部分都通过搭配体现和传递，搭配知识是词语知识系统不可或缺的一部分，发挥着极其重要的作用。

2.3.2　英语作为第二语言的搭配知识习得

国外学术界对于词语搭配在二语习得的研究比较早，涉及范围广，研究较为深入，研究成果很丰富，采用的研究方法形式多样。研究结果多为词语搭配能力测定和汉语作为第二外语的词语搭配偏误的产生原因。

研究内容主要表现在两个方面。第一方面，学习者在搭配知识方面存在的问题和特点。搭配的接受性知识和产出性知识之间存在着较大差异是学习者搭配知识的第一大特点（张文忠，陈水池，2006）。另外，在英语二语的产出实验结果中发现，即便是高水平的学习者，在作文或是翻译等搭配产出的错误率也很高（Bahns，Eldaw，1993；张军，李文中，2004；Nesselhaus，2005；Laufer，Waldman，2011）。还有研究指出，学习者产出的搭配与母语者存在显著差异，不符合母语者使用习惯，具有明显的非母语者特征（濮建忠，2000；李晓红，2004；钟珊辉，2009等）。作为产出特点，丁容容、何福胜（2006）发现，外语学习者在产出时会频繁地使用某些高频率的搭配。第二方面，英语二语学习者搭配知识习得的影响因素。影响因素主要分为语内因素和语外因素。语内因素指语言自身的一些特点，语外因素则指母语背景、注意（notice）、不同的教学方法和输入方式等。研究发现母语背景是造成搭配产出偏误的主要原因，学习者在产出搭配时，容易直接借用母语的表达习惯或者逐字将母语翻译成对等的二语（Nesselhaus，2003；张文忠，杨士超，2009；Laufer，Waldman，2011；Wolter，Gyllstad，2011）；不同的教学方式和输入方式（Sun，Wang，2003）和注意（Durrant，Schmitt，2008；范烨，2009）也会对搭配知识的习得产生影响。此外，Howarth（1998）、Webb和Kagimoto（2011）以及Laufer和Waldman（2011）等重点研究了搭配自身的特点对习得会产生哪些影响。这些学者发现搭配的语义透明性、搭配的规律性与搭配成分语义之间的相关性都会影响搭配知识的习得，而搭配的节点词的位置则不会对习得造成影响。国外学术界对词语搭配的二语习得研究见表2-1。

表2-1　国外学术界对词语搭配的二语习得研究

对象语种	文章标题	作者	主要内容
英语	L1 influence on learner's renderings of English collocations: A Polish/German empirical study	Biskup (1992)	Biskup研究波兰和德国学习者的英语词语搭配能力。该研究认为，学习者在产出词语搭配的时候，并没有考虑母语者的语用习惯，也没有遵守目的语的词语搭配规则。母语负迁移在词语搭配上是较难避免的常见现象
英语	Lexical teddy bears and advanced learners: A study into the ways Norwegian students cope with English vocabulary	Hasselgren (1994)	研究结果显示搭配不当的现象是因学习者过度依赖于他们学过的搭配结构而造成的。学习者由于习惯了运用他们学过的搭配结构，所以将其用于产出的词语搭配，因而发生偏误。Hasselgren提出了"lexical teddy bears"这个概念
英语	Collocations: A neglected variable in EFL	Farghal, Obiedat (1995)	研究以测试的方法研究二语学习者的词语搭配使用策略。这种实验要求学习者填空完成词语搭配。此外Farghal提出为考查学习者的词语搭配使用策略，还需要做判断正误测试
英语	Testing EST learner's knowledge of collocations	Bonk (2000)	通过考查英语专业大学生的英语词语搭配能力，判断英语综合能力水平与英语词语搭配能力之间的关系。Bonk要求学习者做托福考试的部分回忆与再认测试。研究结果显示，英语综合能力水平与英语词语搭配能力之间的关系较密切
英语	The use of collocations by advanced learners of English and some implications for teaching	Nesselhauf (2003)	该研究发现德语母语者的英语词汇搭配中母语负迁移现象相当多。Nesselhauf提出词语搭配的学习难度取决于母语与二语之间存在的区别。因此，二语教学中要重视母语对二语产生的影响
英语	A study of collocation in English and Japanese noun-verb combinations	Koya (2003)	研究了日本学习者的英语词语搭配接受和产出能力，主要针对名动搭配。研究认为，初级学习者在习得过程中大多依赖母语知识，日英直译的错误并不多见。反之，中高级水平学习者出现了较多的日英直译的错误搭配

表2-1（续）

对象 语种	文章标题	作者	主要内容
英语	Analyzing late interlanguage with learner corpora：Quebec replications of three European studies	Cobb（2003）	以二语学习者的短语，包括词语搭配为研究对象。研究结果显示学习者在使用短语表达时，会发生过度使用的现象。由于习得短语的数量有限，在被过度使用的情况下，将导致学习者的表达跟母语者的语用习惯不一致
英语	Words that go together well：Developing test formats for measuring learner knowledge of English collocations	Gyllstad（2005）	研究发现，词汇水平测试（Vocabulary Levels Test，Nation）与词语搭配能力测试（COLLEX 与 COLLMATCH）存在一定关联。词汇水平测试与 COLLEX 的关系为0.87，而词汇水平测试与 COLLMATCH 的关系为0.90。基于研究结果，Gyllstad 对二语教学提出建议，掌握词语搭配的关键不是接受能力，而是产出能力，学习者需要掌握正确的词语搭配表达
英语	Collocations in a learner corpus	Nesselhauf（2005）	从德国英语学习者语料库抽取2000动宾搭配的样本。研究发现其中四分之一存在偏误。虽然他们在写作过程中可以查词典，但是还会出现一样的词语搭配失误。Nesselhauf 指出其原因存在两种可能，其一，查词典对词语搭配的产出不产生明显的作用；其二，学习者还没有意识到：查词典核对词语搭配的正确用法的重要意义
英语	L2 learner production and processing of collocation：A multi study perspective	Siyanova，Schmitt（2008）	比较高级英语学习者与本族语者的定中搭配语料。研究发现学习者产出的定中搭配数量等于本族语者产出的。而后，Siyanova 和 Schmitt 运用测试方法考查学习者与本族语者的词语搭配判断能力，在一定的时间内判断词汇搭配是否正确，结果显示学习者的判断能力低于本族语者

2.3.3　汉语作为第二语言的搭配知识习得

汉语作为第二语言搭配知识的习得研究，主要是以动宾搭配产出的研究视角，分析学习者的产出情况。肖贤彬、陈梅双（2008）针对留学生汉语词汇量水平与留学生的接受、产出搭配能力的相关性进行了研究，通过研究发现，词汇量对接受、产出搭配能力都产生显著影响，但两种影响结果不尽相同，搭配接受性习得水平随着词汇量的增长呈平稳上升的发展趋势，而产出性能力则呈曲线发展趋势。辛平（2008）从20万字的学习者语料库中抽取了3245个 V+N 搭配，研究了欧美学习者输出的动宾搭配的特征以及习得过程。研究发现：学习者产出的动宾搭配中动词大多为单音节动词，搭配出现的频次很低。与中级学习者产出的搭配相比，高级学习者产出的双音节动词组成的动宾搭配在数量以及频次上都有所增加，同时偏误也增多。邢红兵（2013）从搭配的错误率、丰富度、匹配度、搭配率等角度描述了汉语作为第二语言学习者的搭配知识的特征，从这些角度来研究中介语词语搭配知识的状态，并认为可以从上述角度进行中介语和目的语搭配知识的对比分析。以下这些研究主要分析了语言自身因素对动宾搭配习得的影响。

（1）宾语结构性质。王静（2007）通过设计问卷调查，考查了宾语的结构性质对宾语习得的影响。王静将偏误率设定为因变量，总结出：宾语结构不同，习得难度顺序也不尽相同。并将顺序从难到易排列为：名动词宾语 > 双宾语 > 动词宾语 > 小句宾语 > 处所词宾语 > 形容词宾语 > 一般体词宾语。

（2）英汉动宾搭配的对应关系。汪慧慧（2010）以英汉动宾搭配的对应关系为依据，对英汉共有搭配在各自语言中的使用频率进行了统计，实验分析了"对应类型"和"频度差异"两个因素对动宾搭配习得产生的影响。该研究把对应类型分为三种：重合型、相交型和分离型。频度差异分为两种：英语高频（在英语中属于高频搭配但在汉语中为低频搭配）和汉语高频（在汉语中属于高频搭配但在英语中为低频搭配）。实验结果表明：对应类型对习得产生的主效应显著，偏误率由高到低为：分离型 > 相交型 > 重合型；频率差异对习得产生的主效应显著，汉语高频的偏误率均高于英语高频；二者的交互作用显著，是由相交型在汉语高频和英语高频上的差异引起的。

（3）动宾搭配语义复杂度。吴琼、周保国（2014）以汉语的整体结构意义是否发生变化为依据，把动宾结构分为常规搭配、习语搭配和非常规搭配三大类，又依据动词是否具有隐喻、宾语是否发生转喻两个标准，再将非常规宾语细分为三小类：[−动词隐喻] + [+名词转喻] 类、[+动词隐喻] + [−名词转喻] 类、[+动词隐喻] + [+名词转喻] 类，三类的语义复杂度逐渐增高。并通过实验考查了留学生理解非常规宾语的影响因素（语义复杂度、使用频率和文化背景）。实验结果表明，文化背景和使用频率对学习者不产生影响，而语义复杂度则是唯一的影响因素，其复杂度越高学习者理解的难度越大。研究的不足之处在于实验中的分开设计，导致无法发现语义复杂度和使用频率是交互作用。

（4）宾语的语义类型。周国光（1996）通过对儿童动宾搭配的语料的整理分析得出儿童的各种语义关系出现的先后顺序为：受事宾语→处所宾语→与事宾语→结果宾语→对象宾语→施事宾语→工具质料宾语→角色宾语。魏红（2008）分析了多种影响因素，包括宾语语义类型、宾语结构、动词语义复杂程度、二语者汉语水平以及母语背景对宾语习得的影响，认为各型宾语正确率由低到高为：方式 < 工具 < 原因 < 杂类 < 等同/目的 < 施事 < 结果 < 致使 < 时间 < 处所 < 受事 < 对象 < 同源。苏彤（2012）采用纵向调研的个案调查追踪法，从语序、语义和句法三个角度具体分析了一名儿童动宾结构的习得情况。该文主要考查了该儿童动宾结构语义类型的习得时间，发现顺序由长到短是：受事宾语 > 工具质料宾语 > 处所宾语 > 对象宾语 > 结果宾语 > 施事宾语 > 方式宾语 > 原因宾语 > 时间宾语。蒋吉灵（2012）采用问卷调查的方法，分别以小学生和中高级留学生为对象，考查了"吃+N"宾语语义类型的习得情况。发现母语者的习得顺序为：受事宾语 > 结果宾语 > 工具宾语 > 方式宾语 > 来源宾语 > 目标宾语 > 处所宾语 > 施事宾语，而留学生的习得顺序为：受事宾语 > 结果宾语 > 方式宾语 > 工具宾语 > 处所宾语 > 施事宾语 > 来源宾语 > 目标宾语。何清强（2014）收集动宾句和动宾式离合词作为实验素材，发现动宾语义关系对留学生汉语动宾习得的影响主要表现在对习得顺序的影响上，遵循"受事—处所—工具—施事"的先后顺序，并且这种习得顺序与学习者的母语背景无显著相关性。但是研究中没有明确说明实验素材的选取标准，控制变量仅为语义关系类型上是否匹配，并无其他，因此实验结果有待进一步证明。国内学术界对词语搭配的二语习得研究见表2-2。

表2-2　国内学术界对词语搭配的二语习得研究

对象语种	文章标题	作者	主要内容
英语	Collocation在词汇教学中的地位	邹金屏（2000）	研究深入解读了词项搭配的概念，通过实例，分别解释说明了搭配、成语与自由组合三个概念间的区别。最后，介绍了语言学界对词项搭配的研究动态，对词汇教学提出了一些教学建议和展望
汉语	论词语搭配与对外汉语教学	方艳（2002）	结合二语习得的特点，阐明了对外汉语教学应重视词语搭配的现象，以提高学习者的表达和理解能力。本研究通过分析学习者在词语搭配教学上发生的偏误，阐述其所用的学习策略以及产生错误的原因，并从教学和学习两个角度提出有针对性的策略和方法
英语	词语搭配现象与大学英语词汇教学	周明亚（2003）	探讨词语的习惯性搭配与大学英语的词汇教学。阐明语言特征与文化因素影响了英汉两种语言中的词语搭配习惯，掌握目的语词语搭配的习惯对于外语学习者十分重要。教师在词汇教学中，需要重视讲解词语搭配知识，帮助学习者掌握词语的使用习惯，这样词汇教学才能取得令人满意的效果
英语	语义·搭配·英语学习	盈俐（2004）	讨论的是搭配概念中三个层次不同的内容及其对英语学习的积极意义。首先，搭配可理解为语义层次上的词项习惯搭配；其次，它可以被认为是词项共现，是衔接语篇的重要方式；最后，它还可以指广义的搭配，即句群、篇章上的搭配
英语	基于COLEC的中介语搭配及学习者策略分析	李文中（2004）	以学习者在写作中出现的搭配偏误为研究对象，着重分析了其偏误的总体特征及其搭配类型的基本中介语特征。依据不同分数段统计了学习者作文中的不同类型搭配错误，并讨论了搭配错误发生的可能原因及学习者策略的运用
英语	学生作文中的搭配错误和词汇教学	王炤（2005）	通过收集学生作文中出现的搭配错误，实施统计与归纳，最后分析出这些偏误产生的类型和原因。然后根据分析结果提出英语教学的若干建议

表2-2（续）

对象语种	文章标题	作者	主要内容
英语	搭配分析和第二语言学习	刘清玉（2005）	通过对搭配的多角度分析，以搭配中的各个词项为研究对象，将搭配分为黏着性搭配和类连接的过渡形式，指出了搭配和词项共现在语篇中的衔接作用及语料库中搭配文本对词汇的核心意义和高频意义的识别作用，阐述了词语搭配在对二语习得的作用
汉语	搭配类型与对外汉语实词搭配词典的编纂	杨同用，司敬新（2007）	指出词语搭配是汉语学习者必须掌握的知识之一。将搭配分类为：语法搭配、逻辑搭配、习惯搭配、高频搭配、个性搭配、固定搭配、超常搭配等类型，并探讨分析各类型在对外汉语搭配词典中的收录原则
汉语	面向对外汉语教学的动名搭配研究——基于学习者动名搭配常用度标注结果的分析	辛平（2008）	以高级水平汉语学习者为研究对象，分析了学习者常见动名搭配的常用度，并将标注结果与母语者的实际使用情况进行了对比。认为词语搭配的典型性问题和界定问题是对外汉语教学词语搭配研究的基础课题。教学时，帮助学习者建立汉语动名搭配界定的框架性标准是极其重要的
汉语	留学生汉语动宾搭配能力的习得	肖贤彬，陈梅双（2008）	认为英语中的宾语相对简单，而汉语中的宾语较为复杂，其差异导致留学生很难掌握汉语动宾搭配。并通过实证研究，考查了留学生的汉语词汇量与其接受、产出动名搭配能力的相关性，研究结果中不同水平留学生的习得顺序，不仅对教材编写具有参考价值，而且对课堂教学的课件设计有所帮助
英语	中国学习者语料库中动名搭配错误研究	张文忠，杨士超（2009）	对CLEC语料库中1481个动名搭配错误进行描写和分析。描述数据表明，学习难点在于动名搭配中（包括虚化动词和动词固定词组在内）的动词用法；学习者不仅需要很好地掌握动名搭配中名词的用法，而且作为动名搭配有机组成部分的非实词成分也是习得时不可忽视的部分。诊断数据显示，母语迁移、滥用虚化动词、忽略搭配（词）的结构或语义（韵）限制以及误用目标语规则等是造成动名搭配错误的重要原因

表2-2（续）

对象语种	文章标题	作者	主要内容
英语	输入增显与任务投入量对英语词汇搭配习得影响的实证研究	周榕，吕丽珊（2010）	考查了在一定学习条件下，"输入增显"和"任务投入量"这两个因素对词语搭配形式和意义的习得影响，实验设计为2×2。研究结果发现：① 输入增显对短语搭配形式习得起主要作用，但对意义掌握没有显著影响；② 任务投入量对短语搭配的形式习得和意义均起作用；③ 输入增显与任务投入量没有显著的交互作用，但如果高投入量任务辅以输入增显，会加强短语搭配形式和意义的掌握效应
英语	大学生英语写作用词搭配特点研究	李玲（2011）	采用语料分析法，考查了大学生英语写作中的用词搭配特点及因母语干涉而发生的搭配偏误率。研究发现，限时写作中用词搭配偏误率高于非限时写作；因母语影响而产生的搭配偏误占全部偏误的60%以上；大三学生由于偏误中一大部分是修辞词语使用不当，导致偏误率高于低年级。研究认为，写作教学不应该是单向的，而应该建立在了解学生认知特点的基础上
英语	促进抑制或阻碍——语义相关性在二语词汇搭配学习中的效应	洪炜，冯聪（2014）	以汉语二语学习者为对象，通过实验，对比分析了在近义语义相关和语义无关条件下的词汇搭配学习效果。实验结果显示，学习者在近义语义相关条件下，词汇搭配学习成绩明显低于在语义无关条件下的成绩。该研究结果表明，语义相关性对词汇搭配学习产生阻碍效应，这种阻碍效应可能存在于不同语言和不同词类的词语学习当中。该结果表明语义相关性不仅阻碍词义习得，而且干扰词汇知识方面的习得。为语义相关性在词汇学习中的消极作用提供了新的例证。最后分析了语义相关阻碍效应的作用机制
英语	听读交互模式下的词汇搭配知识附带习得研究	闫丽俐（2015）	考查了不同重现次数（1，6，10，20）对中国英语学习者在听读修订的分级读物过程中词汇搭配的附带习得情况。研究发现：听读修订的分级读物可促成词汇搭配知识的附带习得，

表2-2（续）

对象语种	文章标题	作者	主要内容
			重现次数对搭配的附带习得有重要影响，1次重现可大幅实现促成词汇搭配形式与意义知识的接受性附带习得，10次重现则可大幅推进词汇搭配形式与意义知识的产出性附带习得，重现次数与习得量成正比
汉语	谈对外汉语词典被释词的搭配原则	李禄兴（2015）	语料库的运用对于对外汉语词典编纂十分重要，一部好的词典体现被释词的常规搭配和高频搭配，重视常用搭配的分布和语法搭配的框架等。为提高非母语学习者的语感和学习效果，编纂对外汉语词典时应该充分利用语料库，增加这两类搭配的高频例句
英语	汉语思维对英语搭配联系构建和搭配词汇输出的影响	魏兴，张文霞（2017）	通过启动式的搭配词汇判断任务和非限时搭配词汇的输出测试，从二语心理词库的视角考查汉语思维对英语搭配联系构建和搭配词汇输出的影响。研究结果表明：搭配熟悉度高时，对等与不对等搭配词汇在判断反应时间上无显著差异；搭配熟悉度低时，对等搭配词汇的判断反应时显著低于不对等搭配词汇；无论搭配熟悉度高低，汉语思维都能在对等搭配联系词汇的有意识输出中被触发，对等搭配词汇的输出都显著优于不对等搭配词汇。研究表明，汉语思维对英语心理词库中对等词汇搭配联系的构建产生积极影响，这种影响因相关搭配被熟识而弱化

　　国内的研究不仅集中在外语教学中词语搭配的地位及作用，而且多是以英汉对比为对象的研究。但是，针对其他语言的研究则比较少，尤其以日本学习者为对象的国别化研究更为少见。运用到的研究方法主要有两种：实证性和语料库研究方法。二语习得中的词语搭配研究多与学习者搭配失误与母语迁移影响相关。关于词语搭配对象的研究，则以动宾搭配的研究常见。

2.3.4 研究现状小节

综观前人研究成果，可以发现动宾搭配习得是一个非常复杂的过程，影响动宾搭配习得的因素是多种多样的，要想真正研究动词与宾语语义关系对动宾搭配习得的影响，必须控制母语背景、宾语结构以及动宾搭配语义复杂度等无关变量，这样才能使结论更加令人信服。并且，目前还没有专门针对日本汉语学习者动宾搭配使用情况的研究，本书试图在此有所突破，以动宾搭配中的名词为出发点，通过考查日本学习者动宾搭配的接受性和产出性习得情况与特征，呈现出与汉语母语者动宾搭配使用情况存在的差异，并分析影响习得的因素。

2.4 词语搭配的类型及本研究对动宾搭配的界定

2.4.1 词语搭配的类型

词语搭配作为语言单位之间的组合，涉及的搭配知识也是语言知识库的重要组成部分。词语搭配可以从不同角度进行划分和研究。这里基于传统语法学对词语搭配分类的标准，综合当前研究，做出以下区分。

（1）按照搭配对象的可替换性，分为固定搭配、半固定搭配和自由搭配。固定搭配，也称"习惯搭配"，特点为：意义高度凝固，成分不可替换。如"卖关子"，有离、合两种形式，如"卖一次关子"。半固定搭配，指具有一定的语义关系，可以替换但不能任意替换的搭配。如可以说"喝茶""喝水"，但不能说"喝面包"。自由搭配，指几乎或者完全可以自由替换的有语义联系的搭配。后两种搭配也称为"事理性搭配"。

（2）按照搭配成分之间的句法关系，分为主谓、动宾、定中、动补、介宾、量名等类型。

（3）按照动词和语义角色之间的语义关系，分为"施动""动受"等关系。比如在句子"我看了一本书"中，"我"和"看"就是施动搭配，"看"和"书"就是动受搭配。

（4）按照搭配成分之间的词语距离，分为紧邻搭配和离散搭配。如在句子"我看了一本书"中，"我"和"看"就是紧邻搭配，"看"和"书"是离散搭配。

（5）按照动静态，可分出搭配的型（token）和例（type）。型，指搭配的词语组合之型，如"看"和"书"为一个搭配的型；例，则指实例，一个型可以有很多实例，包括搭配的扩展形式，比如"看了一本书""看这本书"等。

2.4.2 本研究对动宾搭配的界定

从语义上看，在动宾搭配中，可以进入宾语的语义角色有很多，如"受事""工具""材料"等，本书考查的动宾搭配是"动词+非施事宾语"。从句法上看，动宾搭配是一个"动词短语+宾语（名词短语、动词短语等）"的序列，其内部比较庞杂。一般来说，动宾搭配往往只是动词和名词的组合，如"吃—面包""喝—红茶"等。然而一旦进入真实语料进行分析，就会存在一系列的问题，需要对动词和宾语进行基本的界定。

（1）动词范围。传统语法学根据能否带宾语把动词划分为粘宾、有宾和非宾，按照所带宾语的类别划分为体宾、谓宾，按照所带宾语的类别个数划分为单宾和双宾。除此之外，还有较为特殊的兼语动词。本书主要关注能带宾语动词中的体宾动词。

（2）动词的修饰限定成分。作为动词修饰和限定成分的是状语和补语。状语除了否定副词外，基本上不会影响动词的句法表现，主要是补语会带来一系列问题。先看表体的"着、了、过"，在一般情况下它们的隐现不会影响宾语，但在下面的句子中它们是不能省略的（带*句子为不通顺句）。

a. 王冕死了父亲。

a*. 王冕死父亲。

b. 黑板上写着一行字。

b*. 黑板上写字。

c. 目光透过窗户。

c*. 目光透窗户。

在补语位置上还会出现趋向补语、结果补语等，这些也会对搭配造成一定影响。

d. 张三唱哭了李四。

d*. 张三唱李四。

但是可以发现，在实际的语料中这样的用例非常少见，基本上不影响分析，因此本书在统计分析时对以上特例忽略不计。

（3）宾语范围。只考查核心成分是名词的宾语，数词、量词不在考查范围中。另外，对于"名词+方位词"构成的方位短语也排除在外，因为加上方位词后，短语性质会发生变化，如：喝肚子里/喝肚子。

对于双宾动词，只考查单宾（只带一个宾语）的情况，不考查双宾。对于兼语动词，仅把兼语成分作为宾语进行考查。对于动宾式离合词，则根据在语料中真实出现的形式进行分析，原则上按照"动宾搭配"来对待。

（4）动宾搭配的跨度设定。跨度指动宾之间的距离，总体而言，无论是由名词构成的短语，还是由形容词修饰名词构成的偏正式短语，其结构跨度都要比动宾短语小得多。王霞（2003）对已经标注了动宾结构并经过人工校对的50万词语料进行了简单统计，共有动宾结构23729个，平均跨度为5.31词。跨度最大的搭配，动词、宾语间的距离是83词。动宾结构在空间上的大跨度，使得其内部所能包容的结构体在类型上复杂多变。一个动宾结构内部可以再有主谓结构、介宾结构、动宾结构等。本研究依据王霞的研究，将跨距定为：节点词左右5个词（Span：+/-5）。

（5）语序。一般只考虑正常语序（V+N），对于语料库中出现的因语用手段而造成的逆序句子（N+V），通过人工内省，进行判断、归类。

2.5　词语搭配习得的课题以及本研究的创新性

第一，在不断推进国别化教学的今天，以日本学习者为对象的动宾搭配习得研究并不多见。同为汉字文化圈的日本学习者，在词语搭配习得方面，"同中有异，异中存同"，既有利又有弊。本书力求通过典型动宾搭配和典型动宾式离合词离析形式的习得分析，以国别化的视点来探讨日本学习者动宾搭配的习得特点，找出其偏误倾向，发挥其学习优势，扬其长、补其短。

第二，到目前为止，语言的结合关系主要从句法学的观点来研究：一个句子由一个谓语（predicate）与它的语义参与者以句法规则构成一个论元（argument）而形成。本研究跳出以往多以论元结构为理论依据——即从动词的语义结构出发的研究框架，变换视角，将研究焦点对准动宾搭配中的名词，针对以名词为节点词的典型动宾搭配进行考查。分析了在以动宾搭配中名词为提示词的情况下，日本学习者的产出性习得与接受性习得情况。

第三，教材是汉语学习者接触到的最主要的语言材料，其内容是否完善直接影响到教学目标的实现、教育目的的达成和学生的学习效果。本书为了更好地分析日本本土初级汉语教材以及教材中典型动宾搭配的概况，对日本各大学汉语专业近年使用的8本一年级教材实施文本采集，构建了"日本本土初级汉语教材语料库"，共计654544字。通过对比分析该语料库和汉语母语者语料库中同节点词的高频动宾搭配的差异，可有助于了解学习者动宾搭配习得的实际情况，亦可改善教材对动宾搭配的收录方式，增强教师的典型搭配教学意识，以期建立高效的词语搭配教学模式。

第四，目前已有的研究成果多重视词语搭配理论的探讨，或从具体的语言例证出发，或从不同角度探索词语搭配的规律。但是基于语料库语言学中的词语搭配统计指标、对学习者动宾搭配习得情况进行统计分析并予以数据验证的研究尚不多见。本书将"规则"和"统计"的方法相结合，对数据结果进行了详细对比和描述性分析，并利用SPSS中的单因素方差分析（One-Way ANOVA）和曼-惠特尼 U 检验（Mann-Whitney U analyses），对各影响因素进行了验证分析。本书基于语言学和数理统计学双重标准对动宾搭配习得展开研究，并力求在此方面有所突破。

第五，近几年的习得研究中，虽出现了一些基于学习者调查问卷的研究，但基于初、中级学习者典型动宾搭配产出性和接受性知识习得两方面调查的研究，数量较少。学习者产出性和接受性习得情况的调查，可以客观、全面地反映出学习者动宾搭配习得状况，有助于研究者整理、分析出动宾搭配的习得难点及其教学重点，同时也可以反馈出目前在日汉语教学下的动宾搭配教学现状。本研究借助初、中级典型动宾搭配及初级典型动宾式离合词离析形式的产出性和接受性测试而获得的统计数据，不仅为在日汉语教学下的动宾搭配教学研究提供了较详尽的基础数据，而且对日本汉语学习者动宾搭配的习得研究提供了有效的参考资料，弥补了现有研究的不足。

第六，很多研究者已经认识到词语搭配教学的重要性，并利用各种理论强调了词语搭配习得对二语学习的推动作用。本书在前人研究的基础上运用认知心理学理论对日本学习者动宾搭配习得机制、偏误原因进行了释义与探讨，分析了影响搭配习得的各种因素，将认知心理学的理论运用从二语词汇习得推进到了二语词语搭配习得上，期望能从崭新的视点来审视动宾搭配习得问题，为在日汉语教学中的动宾搭配习得拓展了新的理论分析方向。

第3章 日本本土初级汉语教材中的典型动宾搭配考查

本章以日本本土初级汉语教材的概貌分析为出发点，以"日本汉语初级阶段学习指导大纲 学习词汇表"①中的名词为节点词，主要探讨初级教材中的常见动宾搭配有哪些，并依据词语搭配的统计指标，对比分析初级教材和语料库中同节点词的动宾搭配有何差异，对教材编纂和动宾搭配教学提出了对策和建议。

■ 3.1 问题提出

语料库语言学中的理论基础是语言的概率属性理论。概率语言学认为语言是概率性的，概率理论反映在词语搭配上，主要表现在以下两个概念中。第一，词语搭配的概率属性。新Firth学派认为，词语搭配的基本属性之一是概率属性，统计学将词语搭配定义为"在篇章中的一个词和其他词项之间的出现概率大于随机概率，就称之为搭配"（Jones，Sinclair，1974）。词语共现的概率是不均衡的，有的词语共现概率较大，有的则较低。第二，典型搭配。典型搭配就是高频搭配，是母语使用者经常使用的搭配。Hoey（2005）经过研究发现典型搭配是构成语言自然度的关键因素，也就是说在语言学习中，如果掌握了典型搭配，学习者输出语言的自然度就会增加，因此典型搭配在词语搭配习得中发挥着重要的作用。

在日汉语教学中，笔者时常发现日本初级学习者会产出"喝药""教

① 日文名称为『日本中国語初級段階学習指導ガイドライン 学習語彙表』2007中国語教育学会 学力基準プロジェクト委員会。

电话号码""看梦"等偏误搭配。对其偏误原因，除了母语负迁移的影响以外，还由于同为汉字文化圈的日本学习者一般能通过搭配成分或猜词策略等理解一部分典型搭配（多为自由搭配或半固定搭配）的整体意思或根据常识造出此类搭配，这就使得很多学习者在接受性习得时往往对其搭配成分一掠而过，不进行有意识的深度学习。另外，持有"单词应该单独学习、记忆"学习意识的学习者依然存在，他们不太关注由单词构成的典型搭配，更关注教材中出现的一个个新单词。

基于以上理由，要提高学习者的动宾搭配习得水平，一项重要内容是提高日本本土教材中动宾搭配的设计和搭配教学的处理方法，在尊重日本本土语言生活特色的同时，帮助学习者掌握常用词汇的典型搭配。

3.2 研究目的和研究课题

教材是汉语学习者接触到的最主要的语言材料，其内容设计是否得当，将直接影响到教学目标的实现、教育目的的达成及实际课堂的学习效果。石川（2008）认为，"书本教材对学习者的语言习得的影响非常大，使用的连贯性和持续性要大大好于网络教材或副教材。"如果教材能明确、有效地提示词语搭配，那么使用它的教师和学习者也会自然而然地关注搭配习得。在以往针对教材分析的研究中，存在两个较难解决的问题：一是很难选定评价教材的标准；二是所谓对整个教材的宏观评价仅仅是通过扩大微观评价的形式来进行的（石川，2008）。作为解决方法，石川表示，将语料库语言学的分析方法导入教材研究中，就可能同时解决以上两个问题。将大规模语料库作为参考语料库，并与教材内容进行对比分析，可以大范围地、连续性地评价各教材中语言的妥当性。另外，将分析对象的教材语料化后，通过分析检索，再进行细微对比，则可解决以微观代替宏观、以点带面评价教材的问题。

作为五大句法结构之一，动宾搭配以其使用的高频性、复杂性、灵活性受到学者的广泛关注，是词语搭配中最值得研究的概念之一。因此，本研究使用大规模现代汉语语料库作为参照语料库，以笔者自行构建的日本初级汉语教材语料库作为分析对象，依据语料库语言学的研究方法，从在日汉语教学的视角对日本本土初级汉语教材中以"日本汉语初级阶段学习指导大纲　学习词汇表"中名词为节点词的常见动宾搭配收录现状进行了分析，指出问题点的同时，希望通过改善教材中动宾搭配的收录方式和教师的教学意识，提高日本学习者的动宾搭配习得水平和在日汉语教学的教学效果。

本章主要探讨以下几个问题：

① 日本本土教材中以"日本汉语初级阶段学习指导大纲　学习词汇表"中名词为节点词的常见动宾搭配有哪些；

② 现代汉语语料库中相同节点词的典型动宾搭配有哪些；

③ 教材收录的常见动宾搭配与语料库典型动宾搭配存在怎样的差异。

3.3　日本本土教材中共现搭配的收集

3.3.1　教材选定和初级教材语料库的建立

教材是学习者的第一手材料，也是教师检验学习者学习状况的一面镜子。掌握教材中常见搭配的概况，不仅有助于了解日本学习者词语搭配学习的实际情况，而且可以帮助教师系统地安排词语搭配的教学内容，建立高效的词语搭配教学模式。本次调查使用了日本大学汉语专业的 8 本一年级教材，笔者通过查找日本几所大学授课计划（Syllabus）上的汉语教材，实施教材收集。收集时遵循三个条件：① 2010 年以后（2010—2018 年）出版的新近教材；② 汉语系一年级使用的主教材[①]；③ 其尺寸扫描后可采集文本的教材（见表3-1）。

表3-1　作为考查对象的8本日本本土初级汉语教材

日本本土教材	出版社	使用对象
新コミュニカティブ中国語 level 1（2010）	郁文堂	大学一年级·上半学期

① 根据各大学授课计划（Syllabus）中的课时规定，主教材的学习时间通常为96小时/年。

表3–1（续）

日本本土教材	出版社	使用对象
新コミュニカティブ中国語level 2（2010）	郁文堂	大学一年级·下半学期
初級テキスト中国語の並木道（2011）	白帝社	大学一年级
中国語への道（2012）	金星堂	大学一年级
中国語のかたちづくり（2012）	白帝社	大学一年级
現代漢語基礎（2013）	白帝社	大学一年级
新・すぐ使える中国語（2014）	郁文堂	大学一年级
入門中国語—西遊記へのオマージュ—（2016）	朝日出版社	大学一年级

　　笔者利用上述8本教材构建了初级汉语教材语料库。首先，实施文本采集。对所有教材进行扫描，通过OCR导出内容，利用键盘录入补充不足内容。其次，对文本进行整理与清洁。保留中文部分，去除日文和乱码。最后，利用PowerGREP5.0.5[①]制成不包含任何标准信息的生文本用以统计，共计654544字。本书将其命名为"日本本土初级汉语教材语料库"。

3.3.2　共现搭配的收集

3.3.2.1　收集方法

　　本书中的教材常见搭配指在8本教材中共现两次以上（含两次）的动宾搭配。其理由为，单纯依据出现频次而进行选取会造成对初级教材整体面貌观察的片面性（如一本教材中多次出现某一搭配），为了全面观察常见动宾搭配在"日本本土初级汉语教材语料库"中的分布情况，将考查对象定为至少共现于两本教材中的动宾搭配。

　　首先，选取"日本汉语初级阶段学习指导大纲　学习词汇表"附表（按词类排列）中的名词，去除名词分类中"3时间、6动物、11房屋公

---

　　① PowerGREP是一款多功能的文件搜索工具，是一种基于正则表达式(Regular Expression)的功能性文本处理和搜索工具。

共场所、16人的长幼/家族关系、17社会关系/称谓、18职业/行业、19工农商业、23行政区域/城市/乡村、30方向/位置"名词后，共计198个（见附录1）。然后，查找以该198个名词为节点词，并在8本日本本土汉语教材中共现两次以上（含两次）的动宾搭配情况（以下简称为共现搭配）（见图3-1）。

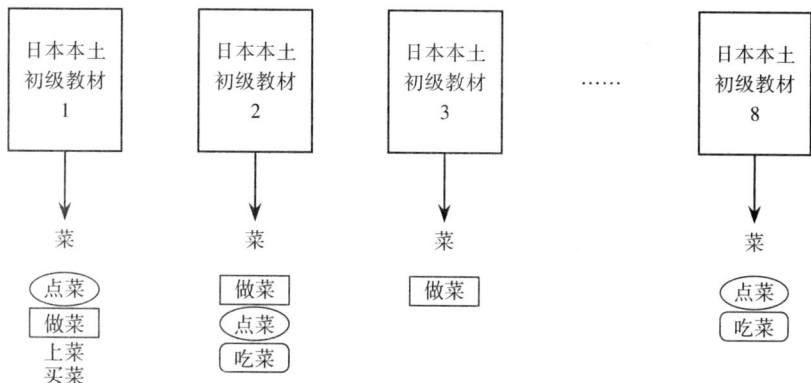

"V+菜"的共现搭配有：点菜、吃菜、做菜

图3-1　共现搭配选取示意图（以"V+菜"为例）

3.3.2.2　收集结果

首先考查了日本本土初级汉语教材语料库中以198个名词为节点词（node word）的动宾搭配情况。依据王霞（2003）对动宾搭配跨距的研究[①]，统计时将词间跨度设定为名词的左、右各5个词项。选取方法为人工选取，按照以下从①到③的顺序进行。具体如下。

① 检索。输入中心词，进行检索，选取含有"V+中心词"（包含"V+~+中心词"形式）的动宾搭配。

② 排列。将抽取出的"V+中心词"按照出现频次列表排列。

③ 确认。将表中不符合动宾关系的"V+中心词"删除。如"得电脑"，原文为"玩得电脑都坏了"。

经统计发现有34个名词（下文简称为中心词）组成的动宾搭配共现

---

① 王霞（2003）对已经标注了动宾结构并经过人工校对的50万字语料进行了简单统计，共有动宾结构23729个，平均跨度为5.31。

于两本以上（含两本）教材中，搭配数量共58个，见表3-2和表3-3。

表3-2　34个中心词与58个共现搭配

34个中心词	菜、茶、出租车、电脑、电视、电影、东西、飞机、车、汉语、米饭、名字、苹果、钱、书、水、水果、衣服、字、报纸、船、公共汽车、咖啡、课、路、门、牛奶、票、生日、问题、西瓜、雨、药、自行车
58个共现搭配	做菜、吃菜、点菜、喝茶、坐出租车、买电脑、玩电脑、看电视、看电影、买东西、吃东西、坐飞机、开飞机、开车、说汉语、学汉语、教汉语、学习汉语、吃米饭、起名字、吃苹果、买苹果、花钱、取钱、要钱、换钱、找钱、借钱、看书、买书、喝水、吃水果、洗衣服、穿衣服、买衣服、写字、念字、看报纸、坐船、晕船、坐公共汽车、喝咖啡、下课、上课、走路、开门、出门、敲门、喝牛奶、买票、订票、过生日、问问题、解决问题、吃西瓜、下雨、吃药、骑自行车

表3-3　共现搭配在8本教材（略称）中的分布图

序号	共现搭配	现代漢语基础	コミュニカティブ1	コミュニカティブ2	すぐ使える中国語	西遊記へのオマージュ	かたちづくり	中国語の並木道	中国語への道
1	做菜	√	√	√	√	√	√	√	√
2	吃菜	√						√	
3	点菜		√	√					
4	喝茶	√		√				√	√
5	坐出租车	√						√	
6	买电脑			√			√		
7	玩电脑		√	√					
8	看电视	√	√	√	√	√	√	√	√
9	看电影	√	√	√	√	√		√	√
10	买东西	√	√	√	√	√	√		√
11	吃东西		√			√	√		
12	坐飞机	√		√	√	√			√
13	开飞机			√		√			

表3-3（续）

序号	共现搭配	现代漢語基礎	コミュニカティブ1	コミュニカティブ2	すぐ使える中国語	西遊記へのオマージュ	かたちづくり	中国語の並木道	中国語への道
14	开车	√		√			√		
15	说汉语	√	√	√	√	√	√		√
16	学汉语	√	√	√	√	√	√	√	√
17	教汉语	√	√	√	√	√			√
18	学习汉语		√	√	√	√	√		√
19	吃米饭		√		√				
20	起名字	√					√		
21	吃苹果		√						√
22	买苹果				√			√	
23	花钱		√			√			
24	取钱		√	√					
25	要钱			√			√		
26	换钱			√	√				
27	找钱			√				√	
28	借钱					√	√		
29	看书	√	√	√	√	√		√	
30	买书			√	√		√		√
31	喝水		√			√		√	
32	吃水果		√		√				
33	洗衣服	√	√						√
34	穿衣服	√			√				
35	买衣服		√						
36	写字	√	√	√		√		√	√

表3-3（续）

序号	共现搭配	现代漢語基礎	コミュニカティブ1	コミュニカティブ2	すぐ使える中国語	西遊記へのオマージュ	かたちづくり	中国語の並木道	中国語への道
37	念字			√	√				
38	看报纸	√				√			
39	坐船	√	√	√	√				√
40	晕船			√				√	
41	坐公共汽车		√	√	√				
42	喝咖啡	√	√			√		√	√
43	下课	√	√	√		√		√	
44	上课	√	√	√		√	√	√	
45	走路	√	√		√		√	√	
46	开门	√		√	√	√			
47	出门	√		√					
48	敲门	√		√					
49	喝牛奶	√	√	√	√	√			
50	买票		√	√	√	√		√	
51	订票		√	√					
52	过生日		√	√					
53	问问题	√				√			√
54	解决问题			√	√				
55	吃西瓜			√	√				
56	下雨	√	√	√		√		√	√
57	吃药	√	√			√	√		√
58	骑自行车	√	√	√		√	√	√	

由表3-3可知，以"日本汉语初级阶段学习指导大纲　学习词汇表"中的名词为中心词的动宾搭配在8本教材中均出现的仅有3个："做菜""看电视""学汉语"，7本以上（含7本）共现的有7个，6本以上（含6本）共现的有15个，5本以上（含5本）共现的有26个，4本以上（含4本）共现的有28个，4本以下的有30个。可以看出，动宾搭配在日本本土初级教材中分布不集中，各教材缺乏对典型搭配的统一和突出。从单本教材中的共现搭配数量上看，前三位分别是『新コミュニカティブ1』最多，包含38个共现搭配，其次是『新コミュニカティブ2』有37个，第三为『入門中国語—西遊記へのオマージュ—』有32个。

3.4　语料库中以34个中心词为节点词的典型动宾搭配

3.4.1　本研究使用的参考语料库及统计指标

计算词语搭配的统计指标时，需要文本总词频、跨距等数据，而目前现代汉语语料库中明确标注文本总词频、可设定跨距、可在语料库内自动运算统计值的语料库并不多见，其中以兰卡斯特汉语语料库（The Lancaster Corpus of Mandarin Chinese，LCMC）和TORCH2009较为常用。本研究选取语料库文本总词频较多、文本出版时间较新的TORCH2009进行考查。

本书使用的统计指标是共现频次（Frequency）和互信息值（*MI Score*）。共现频次指两个词语在一定跨距的上下文内同时出现的次数，即搭配词与节点词的共现频次；*MI*值指互相共现的两个词中，一个词对另一个词的影响程度，或者说一个词在语料库中出现的频数所能提供的关于另一个词出现的概率信息。*MI*值越大，说明节点词对其词汇环境影响越大，对其共现词吸引力越强。*MI*值表示的是词语间的搭配强度，通过*MI*值比较共现词语的观察频率（observed frequency）和期望频率（expected frequency）的差异，确定搭配在语料库中出现概率的显著程度，反映偶然共现的或然性（卫乃兴，2002）。其计算方法为：

$$MI = \log_2 \frac{F(n, c) \times N}{F(n) \times F(c)}$$

3.4.2　典型动宾搭配的选取

为了确认共现搭配的中心词在真实语言中的使用情况，在TORCH2009中统计出了以34个中心词为节点词、搭配强度居前五位的典型搭配，见表3-4。统计时遵循以下原则。

①跨度：节点词的左、右各5个词项。（理由同3.3.2.2小节）

②共现频次：同时满足共现频次3次以上（含3次）的搭配。由于共现频次2次以下的搭配具有偶然性（卫乃兴，2002），因此选定3次以上（含3次）的动宾搭配进行分析。

③搭配强度：Hunston（2002）把$MI \geq 3.0$作为判断典型搭配的标准，本书也依据该标准进行统计。

在TORCH2009中，统计出了以34个中心词为节点词的搭配强度居前五位的动宾搭配（$MI \geq 3$，Span：+/-5）共计93个，灰色栏表示与共现搭配重合的动词，共37个，仅占39.8%。

表3-4　节点词在**TORCH2009**中搭配强度居前五位的动宾搭配

（$F(n, c) \geq 3$，$MI \geq 3$，Span：+/-5）

节点词	TORCH2009中搭配强度居前五位的动宾搭配				
菜	买	吃	上	点	端
茶	喝	倒	—①	—	—
出租车	开	坐	—	—	—
电脑	打开	开	—	—	—
电视	看	打开	—	—	—
电影	看	拍	—	—	—
东西	吃	买	学	要	
飞机	下	上	坐	乘	驾驶

①无符合判断标准的搭配词，后同。

表3-4（续）

节点词	TORCH2009中搭配强度居前五位的动宾搭配				
汉语	学习	说	—	—	—
米饭	—	—			
名字	起	取	忘记	喊	
苹果	吃	买	削	—	
钱	花	借	赚	挣	省
书	看	读	借	买	写
水	喝	加	煮	浇	吸
水果	吃	切	—		
衣服	穿	买	洗	换	脱
字	写	练	—		
报纸	看	买	读		
船	—	—	—		
公共汽车	坐	挤	—		
咖啡	喝	买	点	冲	—
课	上	讲	听	补	—
门	推开	关上	打开	敲	推
牛奶	喝	买	加	—	
票	买	抢	—		
生日	过	庆祝			
问题	解决	发现			
西瓜	吃	切			
雨	下				
药	吃	买	服用		
自行车	骑	蹬	修	—	

3.5 教材的问题点

综合上述研究结果，将初级汉语教材在动宾搭配收录上存在的问题归纳为以下三点。

第一，教材中典型搭配数量收录不充分。

一些搭配成分均属于"日本汉语初级阶段学习指导大纲　学习词汇表"中的典型搭配，但却未被收录于教材中，例如"倒茶""切水果""切西瓜""点咖啡""挤公共汽车""脱衣服"等搭配中的动词虽属于"日本汉语初级阶段学习指导大纲　学习词汇表"，但这些搭配在教材中出现频次很低。尤其"倒茶""挤公共汽车"这两个搭配，经统计（见表3-5）在TORCH2009中的MI值均在5.0以上，而其在日本本土初级汉语教材语料库中的出现频次均为0。可见，初级教材中典型动宾搭配数量收录不充分，这将会降低学习者搭配习得的有效性，导致学习者产出的搭配与母语者的表达不同。在TORCH2009中依据统计指标选取出的93个典型搭配中，共现搭配以外有56个，但其中大部分搭配不仅使用频度高，而且使用范围广。以上均说明，教材中典型动宾搭配的收录存在一定问题，这可能会影响学习者对典型搭配的注意（notice）及习得效率。

因此，本书认为，为了提高初级学习者动宾搭配的习得水平，教材应该优先录入这些典型搭配，以实现有效教学。而作为教师也应该在教学中扮演重要角色，在设计教案或指导新单词时，应善于利用语料库，通过检索发现该词汇的典型搭配，尽可能地将这些典型搭配放入适当的语境中，并在教学中有效呈现。

第二，语料库中的低频率搭配在教材中有所提及。

首先，研究发现，"晕船""念字""订票"等母语者使用频次低的搭配在教材中有所提及。这些低频搭配在汉语学习初期的出现，有可能成为学习者因超用（overuse）而出现不自然表达的要因。本书统计出了共现搭配在TORCH2009中的搭配频次和搭配强度，一方面发现58个共现搭配在TORCH2009中$MI<3$的搭配有25个，占45%；另一方面通过表3-6可知，共现搭配中的"开飞机""晕船""念字""订票"在TORCH2009

中的出现频次仅分别为1次、2次、1次和1次（$F_{(n, c)} \geq 3$，$MI \geq 3$，Span：+/−5），我们认为这些搭配对话题的依赖性过强，放在由初级向中级过渡时期学习更为适合。但是，需要注意的是，如果对于计划去中国旅行或留学的初级学习者来说，"晕船""订票"等词的学习则变得必要。对于此点，教师应灵活调整，适应学习者的需求。

其次，教材中的搭配与典型搭配虽语义相似但表达形式却不同。通过表3−5可知，TORCH2009中代替"开门"的典型搭配是"打开门"（共现频次：17；$MI = 5.760$）和"推开门"（共现频次：12；$MI \leq 7.646$），而"打开门"这个搭配在日本本土初级汉语教材的语料库中没有出现，"推开门"仅在《中国語への道（2012）》中出现了1次。从这一点看，尽管教材上收录的动宾搭配在语义上与典型搭配相似，但是在表达形式上与母语者的使用习惯仍然存在差异。

表3−5 共现搭配在TORCH2009中的频次与强度（Span：+/−5）

序号	节点词	搭配动词	名词频次	动词频次	共现频次	*MI*
1	菜	做	555	1365	8	3.321
2		吃	555	762	6	3.747
3		点	555	661	4	3.367
4	茶	喝	426	221	7	6.520
5	出租车	坐	130	415	2	4.887
6	电脑	买	127	352	0	—
7		玩	127	44	16	1.876
8	电视	看	412	811	17	4.470
9	电影	看	1185	1811	33	2.755
10	东西	买	401	352	14	3.677
11		吃	401	762	27	3.510
12	飞机	坐	409	415	5	4.411
13		开	409	625	1	1.234
14	车	开	417	625	66	5.631

表3-5（续）

序号	节点词	搭配动词	名词频次	动词频次	共现频次	*MI*
15	汉语	说	104	4392	1	0.969
16		学	104	396	0	—
17		教	104	252	0	—
18		学习	104	569	3	5.502
19	米饭	吃	86	762	3	5.403
20	名字	起	183	1058	6	1.998
21	苹果	吃	260	762	5	3.943
22		买	260	352	0	—
23	钱	花	1352	294	40	5.192
24		取	1352	117	1	1.199
25		要	1352	3582	53	1.991
26		换	1352	151	2	1.831
27		找	1352	516	3	0.643
28		借	1352	113	22	5.709
29	书	看	1114	1811	30	2.766
30		买	1114	352	3	1.807
31	水	喝	1777	221	21	4.632
32	水果	吃	330	762	20	5.637
33	衣服	洗	626	119	9	5.975
34		穿	626	261	29	6.53
35		买	626	352	15	5.147
36	字	写	242	587	17	3.948
37		念	242	45	0	—
38	报纸	看	414	1811	2	0.85
39	船	坐	531	415	1	1.302

表3-5（续）

序号	节点词	搭配动词	名词频次	动词频次	共现频次	*MI*
40		晕	531	24	0	—
41	公共汽车	坐	0	415	0	—
42	咖啡	喝	173	221	4	6.282
43	课	下	380	1918	0	—
44		上	380	4822	42	2.663
45	路	走	321	1099	23	3.94
46	门	开	336	625	24	3.82
47		出	336	1885	6	2.289
48		敲	336	29	9	6.31
49	牛奶	喝	208	221	3	7.149
50	票	买	235	352	1	4.745
51		订	235	21	2	7.222
52	生日	过	129	1838	18	2.74
53	问题	问	3101	605	181	2.057
54		解决	3101	358	8	5.406
55	西瓜	吃	72	762	3	6.943
56	雨	下	417	1918	21	4.298
57	药	吃	435	762	19	4.978
58	自行车	骑	220	52	10	9.315

表3-6　TORCH2009中低共现频次的动宾搭配

搭配	日本本土教材中共现频次	TORCH2009中共现频次
开飞机	2	1
晕船	2	2
念字	2	1
订票	2	1

第三，培养"读""写"技能的设计内容有待充实。

教学的创造性和有效性取决于教师研读教材，教材的文本具有"原生价值"，教师才能将其转化为"教学价值"，而能实现这一转化的教材才具有"教材价值"。日本本土初级教材中的常见动宾搭配是否能为教师实现"教学价值"提供空间呢？需要对共现搭配的搭配成分进行分析，同时考查各搭配成分的所属等级。由于日本国内目前仅有初级教学指导大纲，因此依据新 HSK 大纲中的词汇等级进行了分类（见表3-7和图3-2）。

表3-7 共现搭配中动词在新 HSK 大纲中的所属等级分布情况

序号	节点词	搭配动词	Level（V+N）	序号	节点词	搭配动词	Level（V+N）
1	菜	做	L1+L1	19	米饭	吃	L1+L1
2		吃	L1+L1	20	名字	起	无+L1
3		点	无+L1	21	苹果	吃	L1+L1
4	茶	喝	L1+L1	22		买	L1+L1
5	出租车	坐	L1+L1	23	钱	花	L3+L1
6	电脑	买	L1+L1	24		取	L4+L1
7		玩儿	L2+L1	25		要	L2+L1
8	电视	看	L1+L1	26		换	L3+L1
9	电影	看	L1+L1	27		找	L2+L1
10	东西	买	L1+L1	28		借	L3+L1
11		吃	L1+L1	29	书	看	L1+L1
12	飞机	坐	L1+L1	30		买	L1+L1
13		开	L1+L1	31	水	喝	L1+L1
14	车	开	L1+L1	32	水果	吃	L1+L1
15	汉语	说	L1+L1	33	衣服	洗	L2+L1
16		学	无+L1	34		穿	L2+L1
17		教	L3+L1	35		买	L1+L1
18		学习	L1+L1	36	字	写	L1+L1

表3-7（续）

序号	节点词	搭配动词	Level（V+N）	序号	节点词	搭配动词	Level（V+N）
37		念	L5+L1	48		敲	L4+L2
38	报纸	看	L1+L2	49	牛奶	喝	L1+L2
39	船	坐	L1+L2	50	票	买	L1+L2
40		晕	L5+L2	51		订	无+L2
41	公共汽车	坐	L1+L2	52	生日	过	L4+L2
42	咖啡	喝	L1+L2	53	问题	问	L2+L2
43	课	下	L1+L2	54		解决	L3+L2
44		上	L1+L2	55	西瓜	吃	L1+L2
45	路	走	L2+L2	56	雨	下	L1+L2
46	门	开	L1+L2	57	药	吃	L1+L2
47		出	L2+L2	58	自行车	骑	L3+L2

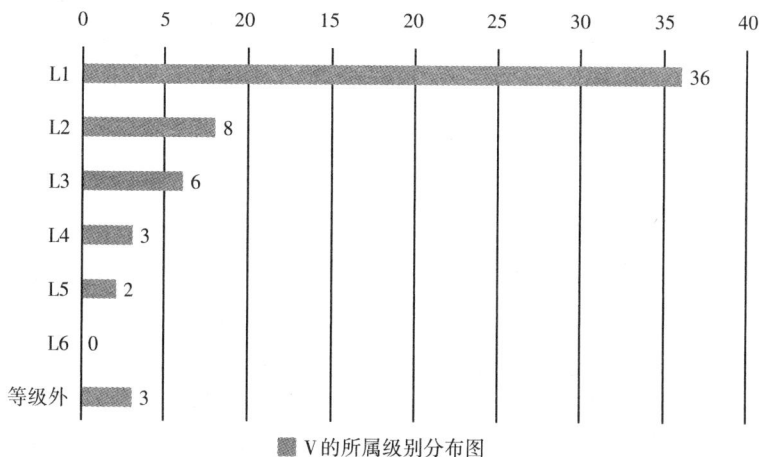

V的所属级别分布图

图3-2 动词在HSK词汇水平等级分类中的所属等级分布情况

从表3-7和图3-2可以看出，58个共现搭配中新HSK1、2级动词共42个，占全部共现搭配动词的72.4%，排除HSK大纲外词汇，除了"起名字""点菜""找钱""过生日"以外，各搭配的语义透明度（Semantic Transparency）比较高，较易习得。总体上来看，8本教材的内容多重视生活性和趣味性，日常生活中的常见搭配很多，覆盖率符合"日本汉语初级阶段学习指导大纲　学习词汇表"对汉语专业一年级学习者1000个初级生词的要求。对于学习者来说，学习生活常见搭配固然必要，但作为培养基本语言技能（听、说、读、写）的综合教材，除了培养日常"说""听"技能的基本搭配以外，还应该适当补充"读（阅读）""写（写作）"所需的搭配。正如川濑（2007）指出的，"教材的内容，需要根据学习的进展和学习阶段而进行有效的排列和设计，应设置一些帮助学习者进入下一阶段的知识点"。为了提高现有水平，初级教材除了该水平学习者必须学习的词汇以外，还应该开发学习者词语搭配的发展潜力，遵循习得规律，有效地引入一些虽略高于该级别但却是汉语母语者常用的典型搭配。这样不仅可以促进典型词语搭配习得，还可以帮助他们快速顺利地提升到下一个水平。

3.6　对在日汉语教学的启示

结合本次考查结果，本书认为以下两点将有助于在日汉语的动宾搭配教学。

第一，在教材编纂方面，应活用大规模汉语语料库考查母语者词语搭配实际使用情况，以此来弥补目前教材选词片面、典型搭配不足等问题。同时，优先收录那些不依赖话题、可广泛使用的典型动宾搭配，对于新词语的搭配尽量使用学习者的常用搭配和典型搭配进行提示和说明。这些对有效提高初级学习者动宾搭配的习得水平将有所帮助。

第二，在教学方面，词汇教学应在尊重学习者语言生活状况的同时，以常用搭配和典型搭配的形式进行输入。本研究发现，虽节点词相同，但初级教材收录的动宾搭配与汉语母语者的典型搭配存在差异。这种情况下，教师在课堂上要充分发挥作用，在设计教案或指导新单词时，通过自身的学习和收集，及时为学习者补充该单词的典型搭配，并将这些典型搭配放入适当的语境中进行教学呈现，在扩大词汇量的同时深化词汇知识的丰富性。

3.7　本章小结

本章对比分析了以相同节点词在 8 本日本本土初级汉语教材中收集的常见搭配与在 TORCH2009 语料库中筛选出的典型动宾搭配有何差异，分析了日本本土汉语教材中动宾搭配数量收录情况和存在的问题点。虽然考查教材的数量有限，但在一定程度上反映出：本土初级汉语教材中生词的数量和覆盖率虽符合日本汉语初级教学指导大纲对汉语专业一年级学习者的学习要求，但在动宾搭配数量收录方面，一部分动宾搭配没有使用对话题无依赖性的典型搭配。原因之一，教材内容虽具有一定的真实性和情景性，但一部分教材缺乏对汉语母语者词语搭配实际使用情况的充分考虑。原因之二，综观概貌，目前日本本土初级教材缺乏对典型搭配的统一和突出。从在日汉语教学的视角出发，除了在编纂教材方面应加强学习者常用搭配和典型搭配的收录以外，在教学方面，教师也应该在尊重日本本土语言生活特色的同时，把着力点更多地放在高搭配频次、强度的典型搭配上，实施有效教学。

第4章 日本汉语学习者的典型动宾搭配习得分析

本章同样以动宾搭配为调查对象，重点讨论日本初、中级汉语学习者在典型动宾搭配接受性和产出性知识习得上的不同。初级典型动宾搭配使用了第3章统计出的共现搭配与现代汉语语料库TORCH2009中同节点词（node word）的典型搭配相重合的搭配（见表3-4）；中级典型动宾搭配则依照语料库语言学理论中衡量搭配强度和信度的统计指标，从TORCH2009中收集了以HSK 4级名词为节点词的典型动宾搭配。通过实验对比分析日本初、中级学习者典型动宾搭配的接受性和产出性知识习得情况，主要探讨了以下三个问题：① 搭配知识与一般词汇量的增长是否成正比；② 典型动宾搭配的接受性习得是否好于产出性习得；③ 动宾搭配的习得受哪些因素的影响。在研究中对初、中级被试组的数据结果进行了详细对比、描述性统计分析，并利用SPSS中的单因素方差分析（One-Way ANOVA）和曼-惠特尼U检验（Mann-Whitney U analyses）进行了验证分析，最后对各影响因素进行了讨论和验证分析。

■ 4.1 问题提出

很多日本学习者在会话时，会出现"喝药""热爱看书""教电话号码"等语句。这些语句的语法虽然正确，但却是不得体、不自然的表达。Pawley 和 Syder（1983）在文章中提道，母语者之所以能流利地使用自己的母语，是因为在记忆中储存了大量的单词与单词的搭配，而并非利用语法。由于母语的范畴化体系以及体系中的心理词汇已经储存在认知潜意识层面，人作为主体会自觉地将其运用到语言的显意识层面。发生以上偏误，就是由于日本学习者运用日语的语法范畴来理解并产出汉语的语法范畴，发生了母语迁移现象。

在词语搭配习得研究中，研究者区分接受性习得和产出性习得。对词语搭配知识层面的辨别区分可以从两个维度出发：接受性知识和产出性知识（Webb，et al，2013）。Laufer 和 Waldman（2011）认为，词汇的接受性知识是学习者在阅读或听力理解时，为理解某个词语而需要知道的关于该词语的知识；词汇的产出性知识是学习者在说话或写作时为理解某个词语而需要知道的关于该词语的知识。对于接受性知识，学习者一般只需知道其最基本、最核心、最常用的意义即可；而产出性知识则不然，它要求学习者对目标词有比较全面的理解，并在使用上达到一定的自动化程度。

日本各大学汉语专业使用的汉语教材种类各不相同，教学方法也存在差异，使得在实际教学中教授的词语搭配种类、数量、频度各不相同。根据第3章的研究结果，典型动宾搭配对日本汉语学习者提高语言能力有着至关重要的作用，因此，习得研究应从典型动宾搭配入手进行分析。那么，初、中级日本学习者典型动宾搭配接受性和产出性知识的习得情况如何？受到哪些因素的制约和影响呢？

本章主要解决以下问题：

① 一般词汇量与词语搭配知识的增长是否成正比；

② 典型动宾搭配的接受性知识习得是否好于产出性知识习得；

③ 典型动宾搭配的习得受哪些因素影响。

▓ 4.2　词语搭配研究中常用的统计方法及其比较

随着计算机技术的发展和电子文本的完善，词语搭配研究从20世纪80年代初开始尝试从大规模语料库中自动获取研究信息。目前词语搭配自动获取的方法主要可分为两类：统计的方法和规则的方法。研究方法大多以统计的方法为主，辅以语言学知识，如语义、语法或句法规则等，限制搭配的抽取。

统计的方法一般通过对语料库中抽取的两个或多个词的搭配强度进

行统计评分，从而对抽取词是否可构成搭配进行判断。搭配词统计分析通过统计方法分析不同指标的差异，量化搭配力。各单词的出现频次100次以上、*T*值等于或大于2.0、*MI*值等于或大于3.0，被作为判断该搭配是否为词语搭配的标准（Hunston，2002）。关于这些判断标准，更多的学者认为，不应单独使用，应综合使用或根据研究内容和目的有选择地使用统计指标。常见的统计指标主要有以下5种。

（1）词频统计（Frequency）。当一个或多个共现词语的频率达到一定值时，认为这些词语构成了搭配。统计频率是最基础也是最简单的方法，但存在明显的缺点——只能表示词语相连时构成搭配的频次，无法统计搭配词语分离的情况；此外值得注意的是，同现频率高的词并不一定是搭配。因此，词频统计对于固定短语的抽取十分有效，但不适用抽取和统计被其他词语隔开的搭配。

（2）平均值和方差（Mean and Variance）。平均值和方差用于衡量语料库中构成搭配的两个词之间距离的分布特征，其公式如下：

$$\sigma = \sum_{i=1}^{n} \frac{\left(F(n, c) - \mu\right)^2}{n-1}$$

$$\mu = \sum_{i=1}^{n} \frac{d_i}{F(n, c)}$$

其中，d_i 为两个词语在第 i 次出现时之间的距离；μ 为两个词之间距离的平均值。

μ 越小，表示两个词之间距离越小；σ 越小，表示两个词之间的距离越稳定，构成搭配的可能性越大。

当抽取的两个词语之间距离的平均值和方差都达到足够小的数值时，该方法与使用词频统计的方法是一致的。代表性的工作有Snadja的Xtract方法，该方法基于方差，通过分析共现词语的分布特征推断其语法结构，实现了对两个以上词语构成的搭配以及分离状态的搭配词语的抽取。

（3）三次互信息（MI_3）。MI_3 是在 MI 的基础上提出的，其公式如下：

$$I(n, c) = \log_2 \frac{F(n, c)^3 \times N}{F(n) \times F(c) \times S}$$

　　各参数的意义与 *MI* 值公式相似，主要区别在于对 $F（n，c）$ 取三次方。MI_3 可以解决 *MI* 对低频搭配赋予较高值的问题，扩大了高频搭配与低频搭配的差距，可有效提取词语搭配，是一种简单高效的方法。但对于抽取多词搭配仍比较困难，这一点与 *MI* 相似。

　　（4）*MI* 值（Mutual Information，互信息）。计算词语搭配强度的第二种常见的方法是相互信息值（Mutual Information Value，MI Value）的计算。*MI* 值原是信息科学中的一种测量手段，计算单位为比特。它和语言搭配中相互信息值的数值范围是不同的。信息科学中，*MI* 值为 0～1 区域内的比特值，而语言研究中的词语间 *MI* 值只是以 0 为区隔的数值，数值越大，词语间相互预见和吸引越大。具体来说，*MI* 值计算的是两个词共现时，一个词对另一个词的影响程度，也就是一个词在语料库中出现的频数所能够提供的关于另一个词出现的概率信息。*MI* 值越大，表示节点词对其共现词吸引力越强，对其词汇环境影响越大。因此，词语之间的搭配强度可以用 *MI* 值表示。其原理是“相互独立事件”概念，即：如果事件 *A*，*B* 的概率满足条件 $P（A，B）= P（A）× P（B）$，那么称事件 *A*，*B* 是相互独立的。将其用在词语搭配问题上，则可解释为：如果词语相互独立，那么 $F（n，c）/N = F（n）/N × F（c）/N$。*MI* 值需要求得等式两边商的对数，比较共现词与节点词的共现概率，可获取偶然共现的或然性。通过 *MI* 值可以找出共现频度低但黏着度高、特殊性大的搭配。其计算方法为：

$$MI = \log_2 \frac{F（n，c）× N}{F（n）× F（c）}$$

　　具有代表性的有 Church 和 Hank 关于共现词语的观察频率（observed frequency）和期望频率（expected frequency）的研究，该研究通过 *MI* 值比较两种频率的差别，判断搭配在语料库中出现概率的显著程度。该研究提出了一个假设：如果节点词对共现词不产生预见、吸引影响的话，那么共现词的出现频度和概率在节点词指定跨距内与在整个语料库中随机分布的概率应该相同。

　　判断两个词语搭配强度时运用 *MI* 值的优点在于，可设定跨距，当一个搭配被其他词语分隔开时仍可实现抽取。共现词间的相互吸引程度可

以通过 *MI* 值清楚地反映出来，从而获取节点词的可能搭配词。缺点在于，有时会误将偶尔组合在一起的低频词判断为搭配，准确性有待提高。例如，一个词在语料库中的出现频率较低，但与节点词又多次共现，该搭配的搭配强度就会很高，即 *MI* 值很高。由于无法判断这种情况是因为搭配之间的真正关联还是语料库的特殊性，因此对于语料库中的低频词（频次小于 10）来说，*MI* 值的信度较低。另外，还有一些语义相近却并不属于搭配的"搭配"。例如"医生"与"医院"等，其 *MI* 值很高，但它们却不能构成搭配。此外，*MI* 值通常只用于衡量两个词语的搭配强度，要抽取由多个词语构成的搭配是比较困难的。因此，在词语搭配抽取的研究中，除了计算搭配强度外，还有必要对共现词的显著性进行假设检验，以获得有关典型搭配的更多证据，常用的检验方法为 *t* 检验。

（5）*T* 值（*T* Score）。*T* 值是用来衡量两个指定单词之间具有可预见度（strength of association）的可信度（reliability），单词的出现频次和搭配频次的增加能提高可信度，通过 *T* 值可分析出有效的搭配频度较高的搭配词（Hunston，2002；大名，2012）。

针对词语搭配的研究中，*T* 值主要探讨的是小文本中节点词与搭配词共现的观察频数和期望频数是否存在显著性差异。运用 *t* 检验对搭配词的显著性进行判断时，先提出零假设：两个共现词不存在联系，无法搭配使用；再利用标准差判断观察频数和期望频数是否具有显著性水平的差别。搭配词在小文本中分布的标准差是计算 *T* 值时不可或缺的数值，其计算方法为：

$$T = \frac{F(n, c) - \left[F(n) \times F(c) \right]/N}{\sqrt{F(n, c)}}$$

通常情况下，*T* 值约定俗成的临界值是等于或大于 2.0，把 *T* 值等于或大于 2.0 的搭配词作为显著搭配词。通过 *T* 值能准确选取与节点词共现频数较高的显著搭配词。如果一个搭配词的 *MI* 值和 *T* 值都达到显著性水平，那么这个搭配词就是节点词的显著搭配词。在研究中可以将两个指标结合使用。

▌4.3　典型动宾搭配的收集与选取

在现代汉语语料库中，节点词吸引哪一些词与之构成典型搭配呢？
要回答这个问题，我们就必须运用统计分析的方法，检验每一个共现词
与节点词之间的相互预见和相互吸引的程度，判断它们的共现在多大程
度上体现了词语组合的典型性。

4.3.1　初级典型动宾搭配的收集与选取

本次初级典型动宾搭配使用的是第 3 章中统计出的初级教材共现搭配
与同节点词在 TORCH2009 中搭配频次居前五位的动宾搭配相重叠的搭配
（灰色栏），共计 37 个，详见表 3-4。从中选出 10 个搭配频次较高、动词
和宾语均为 HSK 2 级以下（含 2 级）的搭配。分别为：吃药、穿衣服、看
书、买东西、开车、上课、喝咖啡、看电影、坐飞机、说汉语。

4.3.2　中级典型动宾搭配的收集与选取

本书将中级典型搭配的收集对象定为以 HSK 4 级名词为节点词的高
搭配频次、高搭配强度的动宾搭配。

① 利用语料库：现代汉语语料库 TORCH2009。

② 节点词：HSK 4 级名词（共 445 个）。

③ 跨度（Span）：+/-5。由于考虑到把字句、被字句、宾语前置等情
况，将词间跨度设定为节点词的左、右各 5 个词项。

④ 搭配频次（Freq.）、T 值、MI 值：Freq. ≥ 3、$T \geq 2$、$MI \geq 3$。依据
Hunston（2002）的研究，本书也将判断典型搭配的统计指标定为相同
数值。

我们以"标准"一词为例进行说明。首先找出以"标准"为节点词
的 $T \geq 2$ 的搭配（见图 4-1 黑框内），通过人工判断发现，其中动宾搭配有
"符合标准""制定标准""提高标准"（图 4-2）。然后，利用语料库的自

动运算，统计出以上三个搭配的*MI*值，均不小于3。由此，将这3个搭配归为典型动宾搭配。

以此类推，统计出了TORCH2009中统计指标同时满足 Freq.≥3、$MI \geq 3$、$T \geq 2$ 的"V+HSK 4级名词"形式的动宾搭配。统计时，将非动宾形式的搭配排除在外，例如"解决方法""准备活动"等，这些搭配形式上虽为"V+N"，但搭配关系实际为定中结构。

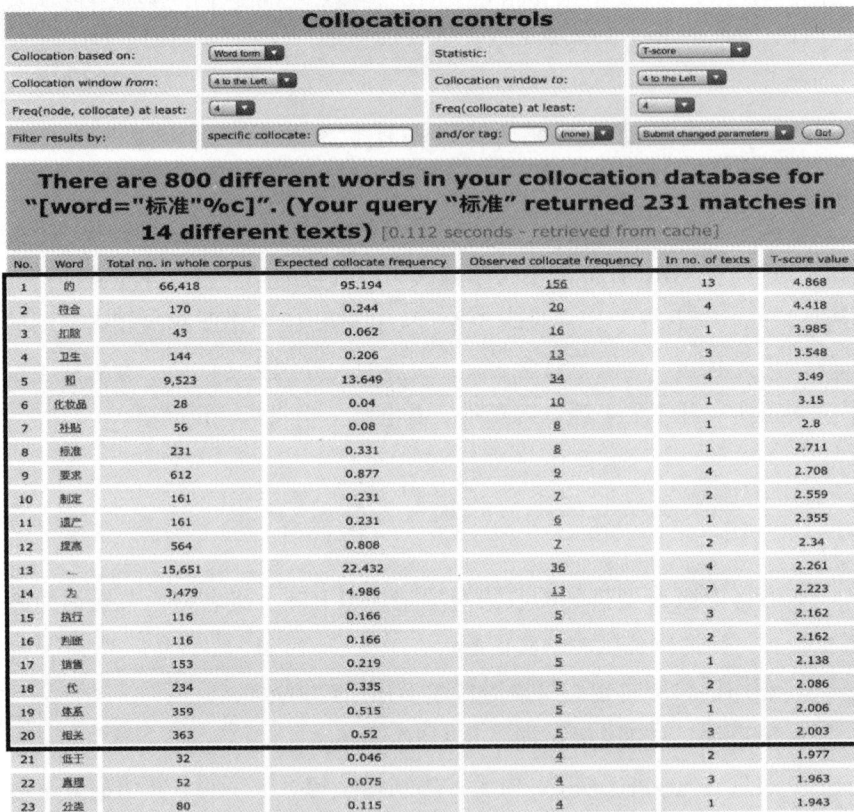

Collocation controls

Collocation based on:	Word form		Statistic:	T-score
Collocation window *from*:	4 to the Left		Collocation window *to*:	4 to the Left
Freq(node, collocate) at least:	4		Freq(collocate) at least:	4
Filter results by:	specific collocate:		and/or tag:	(none)	Submit changed parameters	Go!

There are 800 different words in your collocation database for "[word="标准"%c]". (Your query "标准" returned 231 matches in 14 different texts) [0.112 seconds - retrieved from cache]

No.	Word	Total no. in whole corpus	Expected collocate frequency	Observed collocate frequency	In no. of texts	T-score value
1	的	66,418	95.194	156	13	4.868
2	符合	170	0.244	20	4	4.418
3	扣除	43	0.062	16	1	3.985
4	卫生	144	0.206	13	3	3.548
5	和	9,523	13.649	34	4	3.49
6	化妆品	28	0.04	10	1	3.15
7	补贴	56	0.08	8	1	2.8
8	标准	231	0.331	8	1	2.711
9	要求	612	0.877	9	4	2.708
10	制定	161	0.231	7	2	2.559
11	遗产	161	0.231	6	1	2.355
12	提高	564	0.808	7	2	2.34
13	、	15,651	22.432	36	4	2.261
14	为	3,479	4.986	13	7	2.223
15	执行	116	0.166	5	3	2.162
16	判断	116	0.166	5	2	2.162
17	销售	153	0.219	5	1	2.138
18	代	234	0.335	5	2	2.086
19	体系	359	0.515	5	1	2.006
20	相关	363	0.52	5	3	2.003
21	低于	32	0.046	4	2	1.977
22	真理	52	0.075	4	3	1.963
23	分类	80	0.115	4	1	1.943

图4-1　TORCH2009动宾搭配分析的工作表

Collocation information for the node "[word="标准"%c]" collocating with "符合" (170 occurrences in the whole corpus)	
Type of statistic	**Value (for window span -4 to 4)**
Mutual information	6.359
MI3	15.003
Z-score	40.024
T-score	4.418
Log-likelihood	139.395
Dice coefficient	0.1

Collocation information for the node "[word="标准"%c]" collocating with "制定" (161 occurrences in the whole corpus)	
Type of statistic	**Value (for window span -4 to 4)**
Mutual information	4.923
MI3	10.538
Z-score	14.092
T-score	2.559
Log-likelihood	34.545
Dice coefficient	0.036

Collocation information for the node "[word="标准"%c]" collocating with "提高" (564 occurrences in the whole corpus)	
Type of statistic	**Value (for window span -4 to 4)**
Mutual information	3.114
MI3	8.729
Z-score	6.887
T-score	2.34
Log-likelihood	17.926
Dice coefficient	0.018

图 4-2　TORCH2009 统计值自动运算结果（符合标准、制定标准、提高标准）

依据以上统计标准，统计出 TORCH2009 语料库中以 HSK 4 级名词为节点词的高频高强度动宾搭配，数量为 147 个，见表 4-1。

表 4-1　TORCH2009 语料库中以 HSK 4 级名词为节点词的典型动宾搭配

序号	节点词 （HSK 4 级名词）	搭配动词					
1	标准	制定	提高	符合	—	—	—
2	材料	制作	准备	写	—	—	—
3	答案	找到	—	—	—	—	—
4	动作	做	—	—	—	—	—

表4-1（续）

序号	节点词（HSK 4级名词）	搭配动词					
5	法律	依照	违反	运用	掌握	完善	按照
		实施	维护	保护	—	—	—
6	范围	列入	扩大	—	—	—	—
7	方法	采用	改进	运用	掌握	采取	—
8	工资	拖欠	—	—	—	—	—
9	规定	依照	按照	按	根据	—	—
10	汗	擦	—	—	—	—	—
11	活动	开展	从事	参加	安排	组织	参与
12	基础	夯实	打下	提供	—	—	—
13	计划	制定	实施	—	—	—	—
14	技术	研发	改造	采用	保护	转让	开发
		开展	利用	创新	运用	—	—
15	教育	受	深化	宣传	接受	重视	开展
16	经济	拉动	冲击	促进	调控	推动	调整
		增强	扩大	—	—	—	—
17	经验	总结	借鉴	积累	—	—	—
18	精神	发扬	贯彻	集中	—	—	—
19	科学	贯彻	深入	落实	认知	把握	发展
20	困难	战胜	克服	遇到	面临	挑战	面对
21	理想	实现	—	—	—	—	—
22	目的	达到	实现	—	—	—	—
23	能力	提高	—	—	—	—	—
24	墙	爬	—	—	—	—	—
25	桥	过	—	—	—	—	—

表4-1（续）

序号	节点词（HSK 4级名词）	搭配动词					
26	情况	核实	遇到	反映	掌握	—	—
27	任务	完成	执行	—	—	—	—
28	沙发	坐	—	—	—	—	—
29	社会	维护	营造	—	—	—	—
30	生活	贴近	维持	享受	改变	—	—
31	生命	关爱	热爱	理解	关注	保护	认识
32	实际	结合	—	—	—	—	—
33	市场	开拓	监管	—	—	—	—
34	收入	增加	减少	—	—	—	—
35	速度	加快	追求	—	—	—	—
36	特点	根据	具有	—	—	—	—
37	条件	具备	创造	利用	—	—	—
38	文章	发表	写	修改	—	—	—
39	消息	听到	发	—	—	—	—
40	小说	写	—	—	—	—	—
41	味道	闻	—	—	—	—	—
42	效果	收到	达到	取得	产生	提高	—
43	笑话	说	—	—	—	—	—
44	血	活	流	—	—	—	—
45	信心	给予	充满	增强	—	—	—
46	压力	迫于	调整	—	—	—	—
47	牙膏	沾	涂	挤	用	—	—
48	意见	征求	提出	—	—	—	—
49	印象	留下	—	—	—	—	—

为了更好地考查影响日本学习者动宾搭配习得的因素，从汉语母语者视角出发，并结合在日汉语教学经验，制作试题时依据以下三个条件：① 动词为HSK 3级以上（含3级）；② 排除常见的、搭配自由度较高的搭配；③ 产出性搭配习得测试[①]中，日语动宾搭配的动词非中日同形词。根据上述三个条件，从表4-1统计出的147个典型搭配中挑选出10个作为中级典型动宾搭配用于实验。中级典型动宾搭配分别为：提高标准、依照法律、采用方法、打下基础、实施计划、总结经验、战胜困难、结合实际、具备条件、征求意见（见表4-2）。

表4-2　实验用初级和中级典型动宾搭配

初级典型动宾搭配	吃药、穿衣服、看书、买东西、开车、上课、喝咖啡、看电影、坐飞机、说汉语
中级典型动宾搭配	提高标准、依照法律、采用方法、打下基础、实施计划、总结经验、战胜困难、结合实际、具备条件、征求意见

为了遵循试题的层次性原则（level principles），将以上20个搭配依据从易到难的顺序排列，制成本次实验用试题（见表4-3）。

表4-3　初级和中级典型动宾搭配试题ID

搭配ID	动宾搭配	搭配ID	动宾搭配
01	吃药	11	提高标准
02	穿衣服	12	依照法律
03	看书	13	采用方法
04	买东西	14	打下基础
05	开车	15	实施计划
06	上课	16	总结经验
07	喝咖啡	17	战胜困难
08	看电影	18	结合实际
09	坐飞机	19	具备条件
10	说汉语	20	征求意见

① 详见4.4小节。

▊ 4.4　典型动宾搭配的接受性和产出性测试

通过实验考查并对比分析了日本初级和中级学习者关于典型动宾搭配接受性和产出性知识的习得情况。

4.4.1　实验内容

（1）实验时间。2016年12月至2017年1月。

（2）被试。被试为日本大阪府两所大学汉语专业一年级、二年级学生和大阪市一所汉语学校的初、中级汉语学习者（母语均为日语）。初级学习者的参加人数为46人，获得有效分析数据43份。初级被试汉语平均学习时间为1年2个月（8个月～1年8个月）。中级学习者参加人数为34人，获得有效分析数据为32份。中级被试汉语平均学习时间为2年4个月（1年9个月～3年7个月）。为了便于统计，从初级被试的43份有效分析数据中抽取了32份，使初级和中级被试数量相同。最终用于统计的数据为初、中级试卷各32份，共计64份（见表4-4）。

表4-4　64份有效试卷的被试背景

性别	年龄	国籍	性别	年龄	国籍	性别	年龄	国籍	性别	年龄	国籍
M	21—25	Japan	M	21—25	Japan	F	16—20	Japan	M	21—25	Japan
M	16—20	Japan	M	26—30	Japan	M	26—30	Japan	M	26—30	Japan
M	21—25	Japan	M	31—35	Japan	M	31—35	Japan	M	21—25	Japan
M	21—25	Japan	M	21—25	Korea	M	21—25	Japan	M	21—25	Japan
F	21—25	Japan	F	21—25	Japan	F	21—25	Japan	F	21—25	Japan
F	16—20	Japan	F	16—20	Japan	F	16—20	Japan	F	16—20	Japan
M	16—20	Japan	F	26—30	Japan	F	26—30	Japan	M	31—35	Japan
M	56—60	Japan	F	26—30	Japan	F	26—30	Japan	M	26—30	Japan

表4-4（续）

性别	年龄	国籍	性别	年龄	国籍	性别	年龄	国籍	性别	年龄	国籍
M	21—25	Japan	F	21—25	Japan	F	21—25	Japan	F	21—25	Japan
M	21—25	Japan	M	21—25	Japan	M	21—25	Japan	M	21—25	Japan
F	21—25	Japan	M	26—30	Japan	M	26—30	Japan	M	26—30	Japan
F	21—25	Japan	M	26—30	Japan	F	16—20	Japan	M	46—50	Japan
F	21—25	Japan	F	21—25	Japan	M	21—25	Japan	F	21—25	Japan
F	21—25	Japan	F	21—25	Japan	F	21—25	Japan	F	21—25	Japan
F	21—25	Japan	F	31—35	Japan	F	16—20	Japan	F	16—20	Japan
F	21—25	Japan	M	16—20	Japan	M	16—20	Japan	M	31—35	Japan

（3）实验目的。确认同一被试群对同一组以名词为节点词的动宾搭配接受性和产出性知识习得情况。本实验主要涉及三种变量：自变量、因变量和额外变量。其中前二者又称为实验变量，而额外变量指实验中除实验变量以外的影响实验变化和结果的潜在因素或条件。一般来说，实验法要求：自变量必须能够被操控，因变量必须能被客观地测量，额外变量必须被控制。本实验中，自变量为产出性测试和接受性测试试题，因变量是被试的两次测试成绩，而主要额外变量是被试的母语水平和汉语水平。根据额外变量控制技术之一的恒定法（constant method），实验中应尽可能保持额外变量不变，因此本实验选择同一被试群体，旨在保持母语水平和汉语水平不变的前提下，观察日本学习者典型动宾搭配的产出性和接受性知识习得的测试结果。

（4）实验设计。使用表4-3中的20个典型搭配，制作了接受性和产出性测试试题（详见附录2、附录3）。试题中日语句子及其汉语翻译均取自『中日·日中辞典 第二版』（2010）。

（5）实验流程。

第一步，进行单词的确认和学习，无时间限制。笔者首先简单说明实验内容，然后调查被试的汉语学习履历，确认试题中的20个提示名词（节点词）是否都是被试的已知单词，如含有未知单词，则出示该单词的日语意思，帮助被试简单学习。

第二步，进行产出性测试，测试时间30分钟①。由于不能排除因被试汉语水平差异及母语水平不同而带来的影响，加之接受性测试选项中含有正确答案，可能会对测试结果产生影响，因此先进行了产出性测试。该测试的目的是调查被试典型动宾搭配的产出性知识习得情况。测试题形式为20道日译汉翻译题。要求被试将日语句子中的动宾搭配部分翻译成汉语。翻译时，被试可以使用提示名词以外的名词及其动宾搭配，这样做是为了研究被试倾向于通过哪些其他搭配来表达同等意思。由于预想到日语汉字可能会给予被试过剩提示而影响汉语翻译结果，因此日语动宾搭配中的动词有意避开使用中日同形同义词和同形近义词（包括繁体字）②。

第三步，对被试进行采访，无时间限制。询问被试动词选择的理由。

在统计产出性测试结果时，以两个原则为基准：第一，即使被试产出的动词非预期答案（典型搭配中的动词），但只要搭配得体、语句通顺，就将其判断为正确；第二，即使被试没有使用提示名词，但产出的动宾搭配正确且与日语意思接近或吻合，也可将其判断为正确。每题1分，错误或空格为0分。统计时，以7名汉语母语者中5名以上（含5名）的判断为依据。为了不影响之后的接受性测试，实验后不公布正确答案。表4-5为试题实例。

表4-5　产出性测试试题实例

11	日语句子	私たちは生産の水準を上げなければならない
	提示名词	标准
	汉语翻译	我们应该（　　　　　）。
	不使用提示名词的汉语翻译	我们应该（　　　　　）。

第四步，进行接受性测试，测试时间20分钟。接受性测试的目的是调查被试动宾搭配接受性知识的习得情况。测试题形式为20道三选一的

---

① 根据对模拟试题答题时间的多次测定，最终设定为该时间长度。

② 在制作试题时，根据词典中的日文例句是否使用了中日同形同义词或同形近义词进行筛选，如发现使用，则放弃对该典型搭配的选择。

单选题，每题1分，错误或空格为0分。正确选项为20个典型动宾搭配中的动词，而错误选项使用的是上述20个动词的近义词①和产出性测试题的日语动词在『中日·日中辞典 第二版』的汉语译词，并且所有"错误选项+提示名词"组成的动宾搭配，均被7名汉语母语者②中5名以上（含5名）判断为搭配不当。

例：11. 我们应该（　　）生产标准。

A. 提高　　　　　　　B. 升高　　　　　　　C. 抬高

4.4.2　实验结果

4.4.2.1　初级与中级被试组的对比分析

（1）统计结果。分别统计出"初级被试组产出性、接受性测试""中级被试组产出性、接受性测试"中各题的正确答题数量，对比分析初级和中级典型动宾搭配的产出性和接受性测试结果，详见表4-6、表4-7和图4-3、图4-4。

表4-6　初级典型搭配产出性和接受性测试各题正确数量对比

等级	测试类型	提示名词									
		药	衣服	书	东西	车	课	咖啡	电影	飞机	汉语
初级	产出性测试	28	6	31	18	29	32	8	32	30	31
	接受性测试	31	30	32	32	30	32	32	32	31	32
中级	产出性测试	31	21	32	27	31	32	20	32	32	32
	接受性测试	32	32	32	32	32	32	32	32	32	32

---

① 近义词选自《现代汉语词典（第7版）》。

② 与产出性测试的判断人员相同。

表 4-7　中级典型搭配产出性和接受性测试各题正确数量对比

等级	测试类型	提示名词									
		标准	法律	方法	基础	计划	经验	困难	实际	条件	意见
初级	产出性测试	3	5	2	0	6	0	3	2	0	1
	接受性测试	21	10	5	2	28	25	28	14	9	8
中级	产出性测试	14	24	5	2	23	15	20	13	8	5
	接受性测试	27	16	19	17	24	22	27	25	23	11

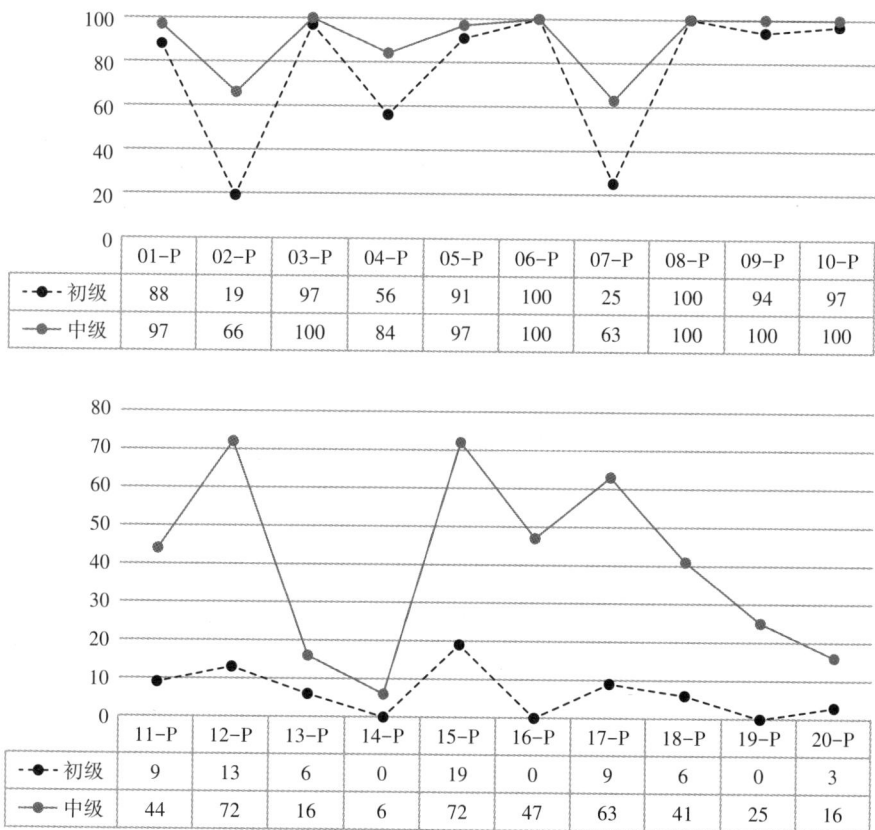

	01-P	02-P	03-P	04-P	05-P	06-P	07-P	08-P	09-P	10-P
初级	88	19	97	56	91	100	25	100	94	97
中级	97	66	100	84	97	100	63	100	100	100

	11-P	12-P	13-P	14-P	15-P	16-P	17-P	18-P	19-P	20-P
初级	9	13	6	0	19	0	9	6	0	3
中级	44	72	16	6	72	47	63	41	25	16

图 4-3　初级与中级被试组产出性测试各题正确数量百分比（%）

	01-R	02-R	03-R	04-R	05-R	06-R	07-R	08-R	09-R	10-R
初级	97	100	100	100	94	100	100	100	97	100
中级	100	100	100	100	100	100	100	100	100	100

	11-R	12-R	13-R	14-R	15-R	16-R	17-R	18-R	19-R	20-R
初级	66	31	16	6	88	78	88	44	28	25
中级	84	75	59	53	75	69	84	78	72	72

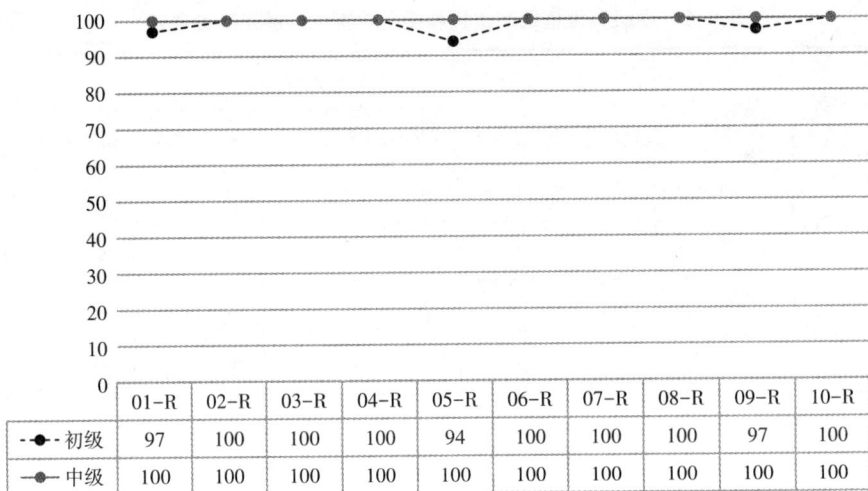

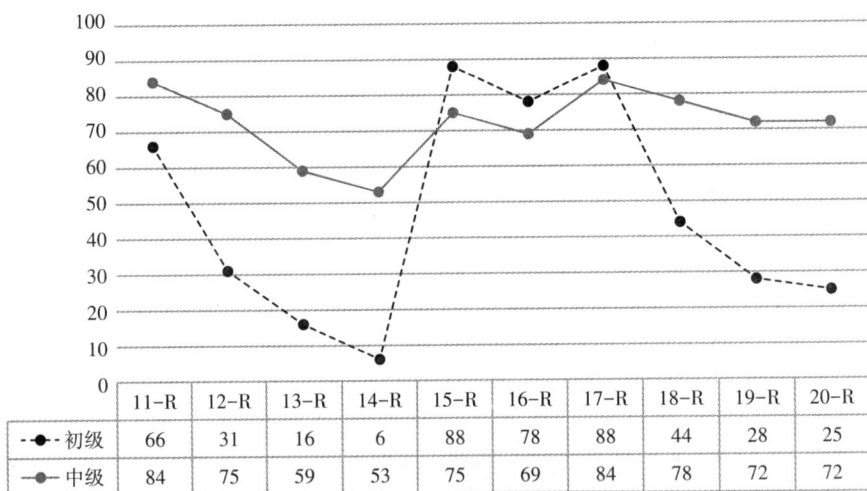

图4-4　初级与中级被试组接受性测试各题正确数量百分比（%）

（2）结果讨论。从表4-6和表4-7的统计结果来看，总体上学习者典型动宾搭配的产出性知识和接受性知识是随着一般词汇量的提高而稳步发展的。虽然其中一些搭配的测试结果呈现出相反情况，但不可否认的是学习者词汇量越大，获得的搭配知识就越多。

首先，在产出性测试中，对于较易或较难习得的搭配，初、中级被试组成绩相近。图4-3显示了两个被试组在产出性测试中各搭配正确答案的百分比，一部分试题初级被试与中级被试的正确数量很接近，或是都非常高或是都非常低。例如"ID06上课""ID08看电影"的测试结果中，两组被试的正确率均为100%；"ID09坐飞机""ID10说汉语"试题结果显示，初级被试组分别有94%和97%的学习者正确地回答了问题，而中级被试组均为100%。因此认为，"ID06、ID08、ID09、ID10"的产出难度无论对初级还是中级学习者来说都较低。相反，在"ID13采用方法""ID14打下基础""ID20征求意见"这三个搭配的测试中，中级被试组中分别有16%、6%和16%的学习者回答正确，而初级组的正确率为6%、0%、3%，虽低于中级被试，但数量差距并不大。这说明"ID13、ID14、ID20"的产出难度无论对初级还是中级学习者来说都较高。

通过上述分析可知，即使被试的汉语水平处于不同等级（初、中级），但以上几个搭配都属于习得难易度相差较小的搭配。除了汉语水平以外，搭配的产出性习得还受其他因素的影响。

其次，在接受性测试中，一般词汇量与搭配知识的拓展不共时。由于被试的母语水平各不相同、汉语的一般词汇量也有所差异，因此图4-4所示的动宾搭配接受性测试中，各搭配正确数量的百分比呈现出了较复杂的结果。结果显示，总体上中级被试组比初级被试组的正确率高，即词汇量大的学习者正确率更高。这说明搭配知识与一般词汇量是密切相关的，学习者的一般词汇量越多，搭配的接受性知识就越丰富。然而，还发现一些动宾搭配的接受性知识并不是随着学习者一般词汇量的发展而获得的。中级学习者比初级学习者掌握了更多的词汇量，如果两者完全成正比的话，中级被试的所有试题成绩理应全部高于初级被试，但结果并非如此。20道试题中有7道（ID：02、03、04、06、07、08、10）初级与中级被试组的正确率均为100%，还有6道正确率相近（ID：01、05、09、15、16、17），该6题中，试题ID：15、16、17的正确率初级组高于中级组。

其原因为：第一，接受性测试题型为三选一的单项选择题，所以被试较容易推测出正确答案。由此应该注意，一部分接受性测试结果在信度方面可能存在缺欠，会影响研究结果。第二，学习者可能并不会稳定地、按部就班地根据他们一般词汇量的发展来获得搭配知识。一般词汇水平的发展会促进动宾搭配的习得，但并不与其完全同步，动宾搭配的习得还受其他因素的影响。

最后，母语迁移在初、中级被试组中均表现出明显的影响。学习者对一部分搭配的表达不是遵从汉语的表达习惯和搭配方式，而是按照母语的思维习惯组词搭配。这种母语思维习惯对学习者动宾搭配接受性知识习得的影响超出了笔者的预期。因为接受性测试的试题中并没有日语翻译，学习者只需要从三个选项中选出适当的搭配动词。但从结果上看，当学习者不清楚搭配词时，首先会将自己的母语逐词对译成汉语，去选择那些具有母语迁移诱导性的搭配词。例如：ID01题中的"喝药"（薬を飲む，正确为：吃药）、ID14题中的"建基础"（基礎を築く，正确为：打下基础）、ID20题中的"要求意见"（意見を求める，正确为：征求意见）等。这是由于母语的先入为主使二语学习者在词汇习得上受到母语思维模式的影响（刘润清，1999）。

在二语词汇习得过程中，母语习得经验会对二语词汇习得产生影响，母语某些词汇的意义和使用特征会影响二语学习者的二语词汇习得，使得学习者把自己母语的语言和文化习惯带入目标语的学习和使用，这就造成了二语习得中的语际错误（interlingual errors）。

4.4.2.2　接受性和产出性测试对比分析

（1）统计结果。接受性和产出性测试的对比分析结果如图4-5所示。

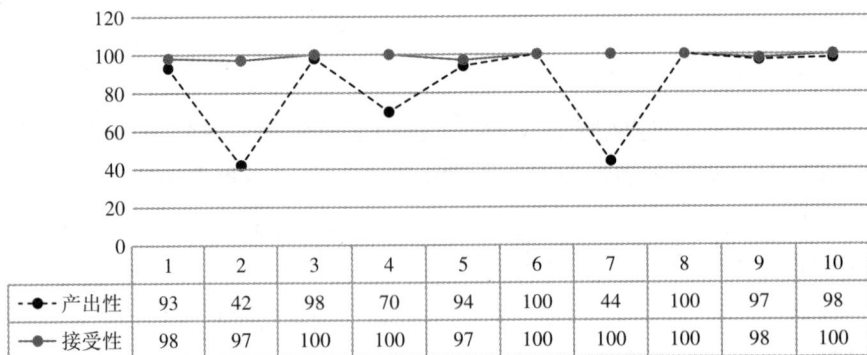

	1	2	3	4	5	6	7	8	9	10
产出性	93	42	98	70	94	100	44	100	97	98
接受性	98	97	100	100	97	100	100	100	98	100

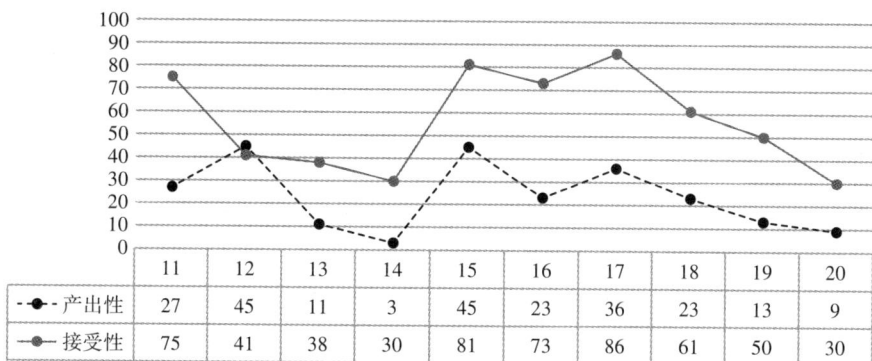

	11	12	13	14	15	16	17	18	19	20
产出性	27	45	11	3	45	23	36	23	13	9
接受性	75	41	38	30	81	73	86	61	50	30

图 4-5　全体被试动宾搭配接受性和产出性测试正确数量百分比（%）

（2）结果分析。

首先，本次实验中动宾搭配接受性和产出性测试的结果，再次证实了他人的研究，如 Nation（1990）、Henriksen（1999）、Melka（1997）所述，接受性知识习得能力通常比产出性要高。本次实验结果中，无论是初级被试组还是中级被试组，大部分搭配的接受性知识比产出性知识更广、更多。Melka（1997）认为，词汇的接受性知识和产出性知识是一个连续体，反映了一个人在产出之前必须在接受中感知一个单词的概念。他将这个所谓"连续体"分为四个阶段。第一阶段是"无同化复制或模仿"（reproduction without assimilation），指仅能重复而对其意义一无所知。第二阶段是"理解"，这是一个更加复杂的阶段。当一个词的意义被理解时，可以通过阅读和聆听来感知。第三阶段是"有同化复制"（reproduction with assimilation），在提供关键字（词）的情况下，能理解这个词的正确意义。"产出"是最后一个阶段，如果学习者理解了这个词，就可以在口语和写作中毫无困难地使用。这个连续体模型得到了 Joe（1995）、Henriksen（1999）和其他许多人的广泛支持，Joe（1995）通过知识量表测试证实了这一概念。然而，所有单词不一定是沿着连续体获得的。Melka（1997）指出，由于语言不同和语用差异等因素，接受和产出之间的界限是模糊的。换句话说，有些词易理解难产出，有些词易理解易产出，有些词则可以同时被理解和产出。

其次，尽管在前两项统计分析中证明了一般词汇量与搭配知识之间为正相关，但实验结果中有 1 道试题的产出性测试正确率高于接受性测试

（ID 12：依照法律：产出45%、接受41%），还有几道题产出性测试与接受性测试的正确率非常接近，其中"ID 03：看书"（产出98%、接受100%）、"ID 04：买东西"（产出95%、接受100%）、"ID 05：开车"（产出97%、接受94%）、"ID 08：看电影"（产出94%、接受97%）、"ID 10：说汉语"（产出98%、接受100%）。仔细分析这些搭配的特征，可以看出它们都是可以直译、动词为基本义①、动宾无离析情况的动宾搭配。也就是说，这些搭配比其他搭配更容易习得，因此出现了产出性测试与接受性测试结果相近的情况。而这些特例也在不同程度上反映出学习者在习得不同搭配时使用的学习策略可能存在差异。

除此以外，判断标准对其结果也具有一定影响。在前文中已阐明，本次产出性测试的判断标准为：被试产出的动词即使不是预期动词，只要语义通顺、搭配得体，就将其按正确处理。因此，产出性测试的正确答案并非唯一。希望通过考查学习者预期搭配以外的使用情况，来分析学习者动宾搭配的产出方法和习得情况。具体分析在4.5小节中阐述。

4.5 日本学习者产出搭配类型分析

本节通过分析产出性测试结果，探讨日本学习者在没有宾语提示的情况下，将日语动宾搭配翻译成汉语时产出的正确搭配类型和错误搭配类型。本书使用了两种分析方法：用于观察的描述性统计分析②（descriptive statistics）和用于验证的单因素方差分析（One-Way ANOVA）。

4.5.1 产出的正确搭配类型分析

学习者产出的正确搭配可分为：① 预期搭配；② 非预期搭配+中心词；③ 非预期搭配+非中心词。

---

① 根据三好（2011），本书中动词的基本义指该动词在《汉语大词典（第3版）》（2015）中的第一个释义。

② 描述性统计是指将调查样本中包含的大量数据资料进行整理、概括和计算，以揭示数据分布特性的方式汇总并表达定量数据的方法，是推断性统计的基础。

在回收的全部有效试卷中，除空格以外，所有被试都使用了提示名词，因此没有出现"非预期搭配+非中心词"的回答。而"非预期搭配+中心词"形式的正确回答为82个，仅占全部正确答案（821个）的10%，见图4-6。

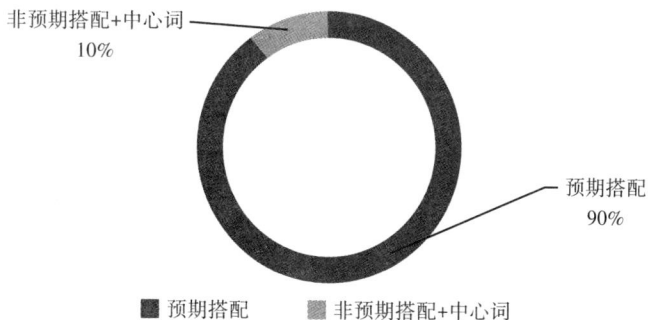

图4-6　被试产出的正确搭配种类比例

以其中"依据法律（ID：12）"和"实施计划（ID：15）"为例进行说明。提示名词为"法律"的试题中，动宾搭配的日语为「法律に基づいて」，正确人数29人中有26人使用的是其他动词，其中20人使用了"根据"、5人使用了"按照"、1人使用了"依从"。错误例中，"基本法律"为16例，误将"基本"作为动词使用，这应该是受日语中「～を基本とする」的影响。以"计划"为提示名词的试题中，动宾搭配的日语为「計画を進める」，正确人数29人中，有21人使用的是其他动词，其中13人使用了"进行"、8人使用了"实行"。错误例中，被试在母语负迁移的影响下使用了"进"和"执行"，而"举行"和"推进"的使用则是语用错误。详见图4-7和图4-8。

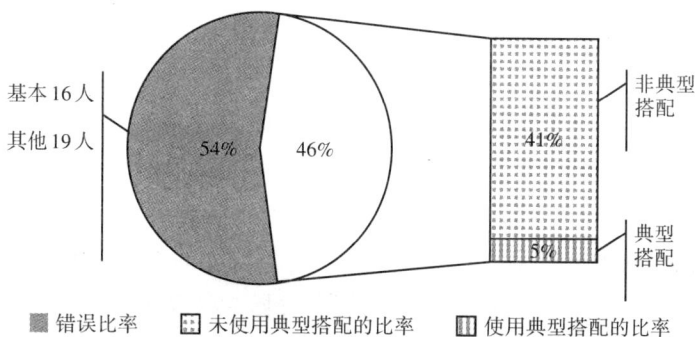

图4-7　"V+法律"的动宾搭配产出性测试结果比例分布

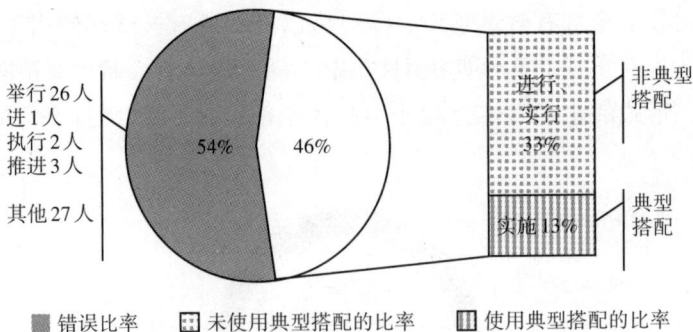

图4-8 "V+计划"的动宾搭配产出性测试结果比例分布

4.5.2 产出的偏误搭配类型分析

4.5.2.1 偏误搭配类型

搭配错误大致可以归纳为以下六种类型：

① 逐词对译造成的错误；

② 语义偏误，同义、近义词混淆；

③ 语法偏误，主要是词语语法属性方面的错误；

④ 语用偏误，违反语义限制或搭配限制的偏误；

⑤ 自创不存在的动词；

⑥ 答案为空。

严格地说，有些类型之间不存在清晰的界限，有交叉重叠部分，有的偏误可以划归几种不同类型。例如，逐词对译中包括语义、语法和语用的偏误，语义偏误中的同义、近义词混淆也可能存在语用偏误中的语义限制和搭配限制方面的偏误。为了便于区分，本书对语用偏误的界定设置了三个标准：① 偏误部分不能用一个同义、近义词替换；② 不存在语法错误；③ 搭配的组成部分是汉语中存在的词语，而非自创的词语。

（1）偏误类型分类之一。首先将偏误类型分为逐词对译偏误和非逐词对译偏误两种。本书中关于"逐词对译偏误"的判断标准，参照了李文平（2015）对日语「名詞+を+動詞」直译为"动词+名词"的定义标准，在其基础上将"逐词对译偏误"定义为：翻译搭配时以词为单位进行考虑，将日语句子中的动词（JV）翻译成汉语（CV）后，"CV+提示名词"会发生动宾搭配不当的情况。判断方法和程序规定如下。

逐词对译偏误的判断步骤如图4-9所示。将「JV_0」译成"CV_0"后，"CV_0+提示名词"为偏误搭配。其中，JV_0和CV_0分别代表日语动词和偏误搭配中的汉语动词。CV_1表示用『中日大辞典（第3版）』查出的JV_0的所有翻译词汇，[i]表示译词数量。如果CV_1中含有CV_0，我们就将"CV_0+提示名词"判断为逐词对译。

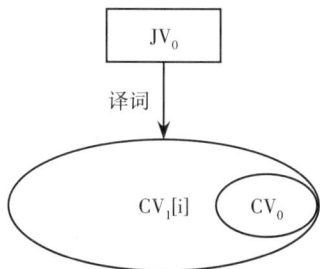

图4-9 本书关于逐词对译的判断标准[1]

下面举例进行说明。当学习者将「基礎を築く」翻译成"建立基础"时，是否是逐词对译呢？日语「基礎を築く」的「築く」和中文"建立基础"的"建立"分别为JV_0和CV_0。首先，将JV_0（築く）在日中词典中查到的翻译，列入CV_1中，可以表示为"CV_1［7］＝｛筑，构筑，修建，建立，构成，形成，积累｝"。由于CV_1中包含"建立"，由此，将「基礎を築く」翻译成"建立基础"判断为逐词对译偏误。初、中级被试组逐词对译的偏误数量和比例见表4-8。

表4-8 逐词对译的偏误搭配数量

被试	偏误类型	数量	比例
初级被试组	逐词对译	71	27%
	逐词对译以外	192	73%
	合计	263	100%

① →表示译词关系，［i］表示译词数量。

表 4-8（续）

被试	偏误类型	数量	比例
中级被试组	逐词对译	44	23%
	逐词对译以外	144	77%
	合计	188	100%

（2）偏误类型分类之二。接下来，为了更详细地观察日本学习者动宾搭配的产出情况，变换偏误分类角度，再将偏误类型按照语义偏误、语法偏误、语用偏误、自创动词、答案为空的类别重新分类，初、中级被试组各类型偏误数量和比例分布见表 4-9、表 4-10 和图 4-10、图 4-11。

表 4-9　初级被试组产出性习得偏误类型、错误数量及其百分比

偏误类型	数量/个	比例
语义偏误	84	32%
语法偏误	20	8%
语用偏误	79	30%
自创动词	8	3%
答案为空	72	27%
合计	263	100%

表 4-10　中级被试组产出性习得偏误类型、错误数量及其百分比

偏误类型	数量/个	比例
语义偏误	69	37%
语法偏误	23	12%
语用偏误	56	30%
自创动词	17	9%
答案为空	23	12%
合计	188	100%

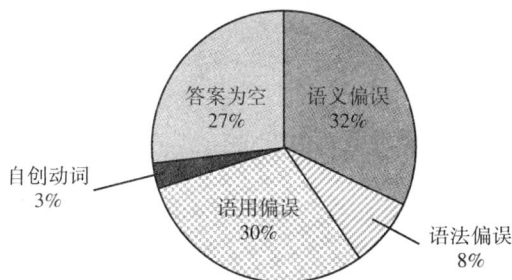

图4-10　初级被试组产出性搭配习得偏误类型及比例

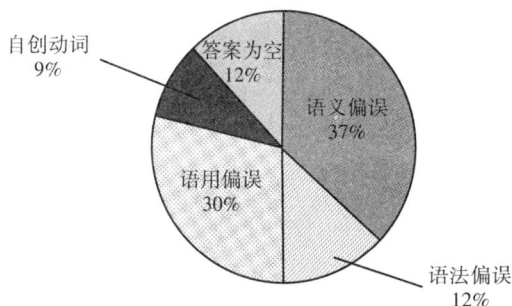

图4-11　中级被试组产出性搭配习得偏误类型及比例

4.5.2.2　偏误搭配类型分析

（1）逐词对译。通过表4-8发现，被试的逐词对译偏误数量较多，分别占到了初级组的27%和中级组的23%。逐词对译是导致母语迁移的一个重要因素。换句话说，L1和L2的相似性导致了L1的正迁移，而它们之间的差异导致了负迁移。这一发现得到了许多研究人员的认同（Kellerman，1979；Biskup，1992；Caroli，1998；Granger，1998；Gitsaki，1999；Nesselhauf，2003）。他们认为，学习者的注意力应该集中在那些不能通过L1直译的搭配，注意两者之间的区别，通过显性学习促进词语搭配的习得。此外，Lewis（2000）和Woolard（2000）建议利用L1的正迁移来促进学习者对搭配的习得，为了避免L1的负迁移，减少学习者的习得负担，需要使用显性学习。Woolard（2000）指出，应该通过对比分析来确定L1和L2的相似性及差异性，并预测出二语学习的困难领域及容易出现的接受性和产出性错误。

同时，从学习者逐词对译的偏误中可以窥见：首先，与语法有关的搭配结构也会影响搭配习得。其主要原因是学习者对汉语中的一些动词缺乏认知，例如"胜困难""赢困难"等。这些偏误既反映出学习者对词语的语法属性掌握得不充分，也反映出学习者在词汇习得上还需要继续加强。其次，因逐词对译而发生的词语搭配语义不合和搭配限制上的偏误，反映了学习者汉语词语语义和搭配要求上都存在不同程度的欠缺。对于此点，Nesselhauf（2003）认为，将搭配放在语法和文章里一起教授十分重要，因为搭配与语法和语义都有密切的联系。

（2）语义偏误（同义、近义动词的混淆）。五种偏误中这一类偏误所占的比例最大，反映出语义偏误不仅是学习者汉语词语搭配习得过程中最常遇到的问题，也是教师在实际教学中最常见的教学难点。如以下偏误搭配："增加标准""联合实际""引入方法"等。还出现了单双音节动词的混淆，表现为音步的不协调，如："联实际""询意见""进计划"等。

（3）语法偏误（词语用法错误）。本次测试中，词语用法错误包括不能带宾语的动词误带宾语、词性判断错误等。如下列偏误搭配："行进计划""胜困难""赢困难""齐全条件""基本法律"。该特性可以用过度概括（over generalization）来解释。过度概括是将一些一般语法规则扩展到L2中未涵盖的项目（Ellis，1994）。在这种情况下，学习者会把一些形容词作为动词使用（例如"齐全""基本"）而发生语法偏误。除上述偏误外，还包括动宾离析形式的错误，如："喝咖啡了一个小时""买东西完"等。

（4）语用偏误（语义、搭配限制偏误）。这类偏误是语义偏误或搭配偏误，多因语义不合或搭配不当造成的，搭配成分之间语义不相容，忽略了词语搭配上的限制。这类搭配偏误数量很多，形成原因复杂，有因母语负迁移而造成的，也有因汉语知识不完备而造成的。如下列错误搭配："喝药""持有条件""引用方法"等。从上述搭配中，一方面可以发现学习者对词语知识掌握得不完整，只掌握了一部分语义；另一方面，学习者虽然掌握了词语的语义，但并不了解这类词语常常与哪些搭配词一起使用，因此在产出搭配时仅依据自己的母语知识或不全面的二语知识进行判断，从而造成了偏误。

（5）自创不存在的动词。Nesselhauf（2003）研究发现，德语背景的高级水平学习者产出的英语搭配中，自创动词占5%左右，而自创名词达到20%，动词和名词的比例差距悬殊。本研究只调查了以名词为节点词的动宾搭配中动词的产出情况，发现自创动词数量并不多，仅占全体偏误的6%、全体产出搭配的4%。

学习者的自创动词是指在词典上不存在的词，只有通过阅读上下文才能推测学习者试图表达的意思，单凭搭配本身无法或很难得知搭配的意思。如以下错误搭配："上高标准""总括经验""取入方法""问求意见"等。其中，一些自创动词虽然在汉语中没有，但在日语单词中却存在相同语素，如："取入方法""总括经验"。日本学习者直接取用了日语「取り入れる」、「総括する」的汉字，这显然是受了母语负迁移的影响。

（6）简化策略、逃避策略。Farghal 和 Obiedat（1995）认为，第二语言学习者不能处理搭配，是因为他们缺乏二语搭配意识，这使得学习者采用逃避策略和简化策略，例如使用"同义词代替、意译、避免和转换"等方法。简化、逃避策略并不意味着一定会出现偏误，而且其中一部分应该是无意识的行为。本书以简化、逃避策略下的偏误例句为统计分析对象。

在简化策略方面，中级被试组问卷中有两例完全相同的回答，两名被试都通过使用宾语倒置，将第9题「このチームは優勝できる条件がそろっている」翻译成"这个队优胜的条件都有了"。根据实验后的采访，被试更愿意使用熟悉的、常用的词语表达意思（把「そろう」翻译成"都有了"），而且在语序方面也受到了日语的影响。

在逃避策略方面，4.5.1小节中对以"法律"和"计划"为节点词的动宾搭配产出性测试的分析中发现，产出的典型搭配仅占正确数量的10%和28%。采访中被试表示，"在不能分辨近义词之间的差别时，或不知道有语义更贴切的词语存在时，更倾向于使用日语中的同形近义词"。如"根据（根拠）法律""进行（進行）计划""实行（実行）计划"等，但是笔者并不认为这是一种逃避策略。Kellerman（1979）认为，在学习者词汇发展的早期阶段，由于缺乏对L1和L2之间区别的认识，会将母语模式应用于L2，学习者在选择搭配时主要采用L1的特征。本次测试中，由于学习者语言水平还处于中级，虽然积累了一部分词汇知识和搭配知识，但搭配知识体系并不完整，还不能完全分辨近义词之间的差别，有的学习者甚至并不知道还有一个语义更贴切的词语存在。因此，本次调查中出现的近义词混淆现象，其中一部分应该是无意识的，而不是有意识的逃避策略。

除上述偏误类型外，实验数据中"答案为空"存在一定比例（初级组9%、中级组4%）。从数据上看，当被试无法推测预期搭配时，存在不能或不愿积极尝试使用同义词或其他意思相近的动宾搭配来表达的倾向；一部分被试也表示通常在当知道预期搭配或接近预期搭配的同义、近义词时才会愿意尝试填写答案。

综上所述，无论初级被试组还是中级被试组，在不知道预期搭配动词时，使用同义词或其他表达方式回答都存在不同程度的困难。一方面，产出性测试结果发现，中级被试组比初级组更多地使用了预期以外的动词进行表达，但仅有一少部分符合日语翻译和搭配要求，这与笔者的期望相左。其原因可能是中级被试组的动宾搭配知识不足。另一方面，从正确率上看，中级被试组虽然高于初级被试组，但从预期搭配的产出数量上看，却与初级搭配数量相当。可见中级被试的词汇量虽然得到了很大的提升，但典型搭配的知识仍处于缺失的状态。

4.5.2.3 偏误搭配类型的描述性统计分析

本次测试中，一部分学习者虽然成功地使用了其他词汇知识表达了与预期搭配相近的意思，但统计结果显示产出搭配的正确率低，因此可以认为，对于大部分学习者来说，使用其他表达方式替代预期搭配的产出都是非常困难的。本小节对产出性测试中出现的各偏误类型进行了描述性统计分析，并利用单因素方差分析对初、中级被试组数据之间的显著性差异进行了验证（见表4-11和表4-12）。

表4-11　产出性习得中搭配偏误类型的描述性数据（Descriptive Statistics）

偏误类型	等级	*M*	*SD*	*N*
语义偏误	初级组	18.27	2.921	32
	中级组	40.26	3.729	32
	全体	29.265	1.911	64

表4-11（续）

偏误类型	等级	M	SD	N
语法偏误	初级组	23.24	9.746	32
	中级组	10.90	6.350	32
	全体	17.07	1.295	64
语用偏误	初级组	17.38	9.746	32
	中级组	15.73	6.350	32
	全体	16.555	8.231	64
自创动词	初级组	11.54	1.529	32
	中级组	11.93	1.367	32
	全体	11.735	1.295	64
简化、逃避策略	初级组	43.19	12.404	32
	中级组	11.69	11.115	32
	全体	27.44	12.390	64

表4-12　产出性习得中搭配偏误类型的单因素方差分析（One-Way ANOVA）

偏误类型	等级	Sum of Squares	df	Mean Square	F	Sig.[①]
语义偏误	组间	21.473	1	5724.821	4.071	0.000**
	组内	192.616	63	149.210		
	合计	214.089	64			
语法偏误	组间	194.122	1	64.969	3.914	0.001**
	组内	373.534	63	3.623		
	合计	567.656	64			
语用偏误	组间	9.782	1	134.711	1.889	0.142
	组内	1793.392	63	62.28		
	合计	1803.174	64			

① Sig. 值对应的即为 p 值。** 表示差异非常显著（$p < 0.01$），* 表示差异显著（$p < 0.05$），下同。

表4-12（续）

偏误类型	等级	Sum of Squares	df	Mean Square	F	Sig.
自创动词	组间	39.446	1	1.594	0.124	0.945
	组内	9049.907	63	13.357		
	合计	9089.353	64			
简化、逃避策略	组间	16292.641	1	5419.321	32.002	0.000**
	组内	28739.047	63	171.346		
	合计	45031.688	64			

关于语义偏误。初、中级被试组之间的统计数据显示具有显著差异。不仅偏误数量的平均值存在较大差别（$M = 18.27$ 和 40.26），而且表4-12单因素方差分析结果也表明群体差异非常显著，具有统计学意义（$p = 0.000$）。中级组产出的正确比例虽然高于初级组，但在语义方面的偏误比例也高于初级组，学习水平与语义偏误数量呈正相关。这也正说明，学习是一个螺旋上升的过程，随着词汇量和语法知识的增加，学习者需要一个知识整合的过程，在整合完成前，语义偏误的发生是不可避免的。

关于语法偏误。两组被试的该项数据也被证实存在显著差异。与初级组相比，中级组偏误数量平均值有所降低（$M = 23.24$ 和 10.90），表4-12单因素方差分析结果表明，初级组和中级组之间存在显著差异（$p = 0.001$），中级组的偏误数量比例低于初级组，学习水平与语法偏误数量呈负相关。这就是说，随着学习水平的提高，学习者所产出的搭配语法偏误的数量会逐渐减少。

关于语用偏误。该项结果略显复杂，虽然描述统计数据表4-11显示的两组被试的平均值相近（$M = 17.38$ 和 15.73），但单因素方差分析的结果却发现两者不具备显著的差异（$p = 0.142$）。从统计学意义上讲，学习水平与语用偏误的数量不存在直接关联，词汇量的增加并不能避免搭配的语用偏误的发生，学习水平不是导致搭配语用偏误的直接原因。

关于自创动词。无论学习者的一般汉语词汇知识水平如何，都会出现自创动词的现象。描述性数据统计表4-11显示该项中两组的平均值几乎相同（$M = 11.54$ 和 11.93），而在表4-12的单因素方差分析结果中，该项的显著性差异没有得到证实，这表明两组被试所产出的自创动词并没有群体显著差异，不具有统计学意义（$p = 0.945$），即学习水平的高低与自创动词数量的多少无关。因此，无论是初级还是中级学习者，当他们不知道预期搭配时，都会依据自己的母语知识或汉语知识自创一些单词。

关于简化策略与逃避策略。在不确定如何表达时，被试会采用简化、逃避策略。表4-11显示两组该项的平均值为43.19和11.69，相差较大，中级组的偏误数量比例高于初级组。表4-12单因素方差分析也验证了两组被试的数据差异具有高度统计意义（$p = 0.000$）。可见，掌握了一定语法知识和词汇量较多的中级水平学习者更倾向于使用简化、逃避策略。

以上的偏误分类虽不能概括日本学习者在词语搭配上出现的所有问题，究其缘由，实际上并非上述分类的那样泾渭分明，而是极其复杂的，是多种学习策略和影响因素共同作用下的结果，但通过分析可以发现学习中以及教学中存在的问题。针对这些问题，可以制定相应的策略和方法。在具体教学过程中，教师可以把那些结合比较紧密的较典型的动宾搭配直接教给学习者，这不仅有利于他们整体灵活运用搭配、提高汉语表达水平，而且对掌握搭配习惯、习得语义和词语用法都是有所帮助的。

4.6　典型动宾搭配习得影响因素分析

在上一小节中，首先证实了搭配知识与一般汉语词汇知识是密切相关的，通过对比初级与中级被试组两次测试的结果，发现学习者的一般词汇量越多，获得的搭配知识就越多。然而，一部分搭配知识并没有随着学习者一般汉语词汇知识的发展而获得。其次，证明了动宾搭配的接受性知识和产出性知识是密切相关的，并且掌握的接受性知识越多，产出性知识就越丰富。但同时也发现，一部分产出性试题的正确数量比接受性试题多。以上两个结果说明，动宾搭配的偏误不能仅用学习者缺乏词汇量来解释，动宾搭配习得还受到其他因素的影响。为了阐明这些因素，本书对接受性测试和产出性测试的结果再次进行了数据分析，考查了以下3组、6个因素。

（1）日译汉试题中动宾搭配的日语动词与正确答案（预期动宾搭配）中的汉语动词是否存在相同语素。将该组两个因素简称为"日汉有相同语素/日汉无相同语素"。

（2）预期动宾搭配的汉语动词是否为基本义。将该组两个因素简称为"动词是基本义/动词非基本义"。

（3）预期动宾搭配在试题中是否以离析形式出现。将该组两个因素简称为"动宾是离析形式/动宾非离析形式"。

4.6.1 产出性习得中各影响因素的描述性统计分析

采用曼–惠特尼U检验[①]（Mann-Whitney U analyses）对动宾搭配产出性知识习得的影响因素进行分析，初级被试组的分析结果见表4-13，中级被试组的分析结果见表4-14。

表4-13 初级被试组动宾搭配产出性知识习得的影响因素（初级典型搭配10题）

影响因素		N	Mean ranks	U	Sig.
日汉相同语素	有	1	8.9	234.76	0.031*
	无	9	4.6		
动词基本义	是	6	5.2	152.49	0.693
	非	4	4.9		
动宾离析形式	是	4	3.7	363.00	0.044*
	非	6	16.3		

表4-14 中级被试组动宾搭配产出性知识习得的影响因素（中级典型搭配10题）

影响因素		N	Mean ranks	U	Sig.
日汉相同语素	有	3	4.3	314.81	0.434
	无	7	5.8		

---

①曼–惠特尼U检验又称"曼–惠特尼秩和检验"，是由H.B.Mann和D.R.Whitney于1947年提出的。它假设两个样本分别来自除了总体均值以外完全相同的两个总体，目的是检验这两个总体的均值是否有显著的差别。

表4-14（续）

影响因素		N	Mean ranks	U	Sig.
动词基本义	是	9	5.4	143.50	0.003**
	非	1	3.5		
动宾离析形式	是	3	4.1	228.50	0.000**
	非	7	9.2		

表4-13表示初级被试组动宾搭配产出性知识习得的影响因素。"日汉有/无相同语素"组的分析结果显示该组两个因素存在显著性差异（$U = 234.76$，$p < 0.05$），"动宾是/非离析形式"组的分析结果也显示该组两个因素差别有显著性差异（$U = 363.00$，$p < 0.05$）。这说明以上两个因素，在统计学上是影响初级学习者正确产出动宾搭配的因素。在初级阶段，日本学习者还没有意识到两种语言的差异，母语的词汇概念网络发挥着主导作用。正如Kellerman（1978）所述，"二语学习的一个误区是，初学者往往认为二语词汇仅是母语概念的另一种说法。虽然可以直观地感受到二语的语音、句法、形态等方面不同于母语，但在学习初期学习者往往认为二语的词汇所代表的意义范畴与母语一致"。

而"动词是/非基本义"组的统计结果（$U = 152.49$，$p = 0.693$）说明，组内两因素差异无统计意义，"动词是/非基本义"在统计学上不是影响初级学习者正确产出动宾搭配的因素。主要有以下两个原因：其一，由于初级典型搭配测试中试题数量仅有10个，其中设计的非基本义搭配仅有4个，因此本次实验不属于有针对性的考查；其二，动词非基本义的4个搭配"吃药、上课、开车、坐飞机"都属于初级常见搭配，教材、课堂和课后习题中的输入次数较多，学习者掌握得很好。虽然实验结果显示"动词是/非基本义"对搭配习得的影响不具备统计学上的意义，但通过一些偏误例句仍可以发现，初级被试组多次出现"他在课（2例）""喝药（4例）""他不能運転车（2例）"等，将日语搭配逐词（逐字）对译或直接取用日语动词的汉字而导致的错误搭配。因此，动词的基本义虽在本次实验中显示为非影响因素，但笔者认为有必要深入研究，进一步详细确认。

表4-14表示中级被试组动宾搭配产出性知识习得的影响因素。"动词是/非基本义"组的分析显示该组两个因素的差异非常显著（$U = 143.50$，$p < 0.01$），这与预计的结果相一致，也符合目前以英语为第二语言的搭配习得研究结果。虽然中级典型搭配中双音节动词一般多为基本义，中级10道试题中仅有一道题的动词为非基本义，但统计结果仍显示为差异具有显著性，其差异具有统计意义。因此，"动词是/非基本义"是一个影响日本学习者正确产出搭配的因素。在宾语已知的情况下，动词是基本义的搭配较容易习得，非基本义的搭配则较难习得。"动宾是/非离析形式"组的统计数据（$U = 228.50$，$p < 0.01$）说明，该组两个因素差异非常显著，对于中级学习者来说，动宾搭配离析形式的产出同样存在难度，是影响中级学习者正确产出动宾搭配的因素。

只有"日汉有/无相同语素"组内的两个因素的差异显示为无统计意义（$U = 314.81$，$p = 0.434$），在统计学上不是影响中级学习者动宾搭配产出的因素。

本次实验结果表明，中级学习者更容易习得搭配动词是基本义、无动宾离析形式的搭配，而日汉动词中是否含有相同语素对中级学习者搭配的产出性知识习得并没有产生重要的影响。

4.6.2　接受性习得中各影响因素的描述性统计

同样通过曼-惠特尼 U 检验分析动宾搭配接受性知识习得的影响因素。由于接受性测试的试题形式是单项选择题，仅对动词进行选择，且没有任何日语翻译的辅助，因此"日汉有/无相同语素"和"动宾是/非离析形式"两组因素可能对成绩没有太大影响。但是，为了全面考查及对比分析，仍对所有因素进行了统计分析，统计方式与产出性测试相同（见表4-15和表4-16）。

表4-15　初级被试组动宾搭配接受性知识习得的影响因素（初级典型搭配10题）

影响因素		N	Mean ranks	U	Sig.
日汉相同语素	有	1	13.9	271.72	0.048*
	无	9	4.0		

表4-15（续）

影响因素		N	Mean ranks	U	Sig.
动词基本义	是	6	9.2	334.92	0.003**
	非	4	4.1		
动宾离析形式	是	4	9.7	134.23	0.990
	非	6	10.2		

表4-16 中级被试组动宾搭配接受性知识习得的影响因素（中级典型搭配10题）

影响因素		N	Mean ranks	U	Sig.
日汉相同语素	有	3	10.6	380.50	0.004**
	无	7	5.9		
动词基本义	是	9	8.4	388.00	0.000**
	非	1	4.1		
动宾离析形式	是	3	9.3	281.41	0.672
	非	7	9.1		

表4-15表示初级被试组接受性习得影响因素的统计结果。在初级被试组中，"日汉有/无相同语素"组内的两个因素之间（$U = 271.72$，$p < 0.05$）和"动词是/非基本义"组内的两个因素之间（$U = 334.92$，$p < 0.05$）都具有显著性差异，而"动宾是/非离析形式"组内两个因素的差异不具有显著性（$U = 134.23$，$p = 0.990$），说明该差异不具有统计学上的意义。因此，本次实验表明，"日汉有/无相同语素"和"动词是/非基本义"对于初级学习者动宾搭配接受性知识习得是具有影响的，而"动宾是/非离析形式"则不具影响。

表4-16表示中级被试组接受性习得影响因素的统计结果。"日汉有/无相同语素"组内的两个因素之间（$U = 380.50$，$p < 0.01$）的差异非常显著，"动词是/非基本义"组内的两个因素之间（$U = 388.00$，$p < 0.01$）的差异也非常显著。相反，"动宾是/非离析形式"组内两个因素的差异不具有显著性（$U = 281.41$，$p = 0.672$），没有统计学上的意义。因此，中级被试组的实验结果与初级被试组相同，"日汉有/无相同语素"及"动词是/

非基本义"两组因素对中级学习者接受性知识的习得具有影响，而"动宾是/非离析形式"则不具有影响。关于"动宾是/非离析形式"对搭配习得的影响这一点，虽然统计结果显示不具备显著性差异，但笔者认为这与接受性试题形式（单选选择题）存在很大关系，还有待进一步探讨。关于此点，我们将在第5章详细考查。

综上所述，在产出性知识习得方面，"日汉有/无相同语素""动宾是/非离析形式"对初级学习者的影响具有统计学上的意义；"动词是/非基本义""动宾是/非离析形式"对中级学习者的影响具有统计学上的意义；在接受性知识习得方面，初级组和中级组结果相同："日汉有/无相同语素"对于学习者的影响具有统计学上的意义，其余两组因素则不具备（见表4-17）。

表4-17　动宾搭配产出性和接受性知识习得影响因素一览表

类型	水平级别	影响因素	非影响因素
产出性习得	初级组	日汉有/无相同语素 动宾是/非离析形式	动词是/非基本义
	中级组	动词是/非基本义 动宾是/非离析形式	日汉有/无相同语素
接受性习得	初级组	日汉有/无相同语素 动词是/非基本义	动宾是/非离析形式
	中级组		

4.6.3　各影响因素分析

4.6.3.1　日汉有/无相同语素

搭配由词汇构成，因此搭配习得与词汇习得密切相关。在词汇习得中，语义和形式二者不可分离。江新（1998）关于汉语作为第二语言的词汇习得研究表明，词汇习得的早期以形式为主，后期以意义习得为主，汉语中汉字形、义关系密切，形式上的相似因素和语义上的相近因素叠加，导致含有相同语素的近义词混淆问题更为严重。

对于同为汉字文化圈的日本学习者来说，语义相似的双音节动词在构成词语搭配时更易发生混淆。近义词混淆包括两种情况：① 语义相似，并且包含相同语素。如产出性测试 ID 19 题"具备条件"中出现的偏误搭配有"含有条件""拥有条件""占有条件"，这些双音节动词"含有""拥有""占有"不仅在语义上相似，形式上也相似，都含有同样的语素"有"。② 语义相似，不存在相同的语素，如"胜—赢、具备—齐全"等。在教学中笔者发现，语义相近且含有相同语素的词语，混淆的可能性更大，在习得中干扰性更强，错误搭配的产出比例更大，绝大部分发生混淆的近义词都含有相同的语素。

由此可见，在词汇方面，母语习得与二语习得不尽相同。母语词汇习得的主体是儿童，认知和心智水平尚未成熟，学习词汇时，很难对词汇进行心理上的加工分类。所以，他们的词汇习得大多是自然习得，是在无意识下的一种习得。另外，母语语境里每天都有大量的各种各样的语言输入，儿童也无须注意、归纳词汇之间的联系。在他们的大脑中，词汇材料多以搭配或整块的形式储存。而把词汇分解成语素的储存方式，更符合成年的二语学习者的习得特点（Reeves，Golinkoff，1998），因为语素具有强大的搭配能力与极高的能产性，以语素为储存方式，能更有效地帮助学习者利用认知资源并节省加工时间，更为迅速地掌握二语知识与技能。

4.6.3.2　动词是/非基本义

本次实验中仅有 4 个搭配中的动词为非基本义动词："开车""打（下）基础""上课""坐飞机"。单方差统计分析的结果发现，"动词是/非基本义"组内的两个因素存在显著性差异。"开车、上课、坐飞机"的产出性测试正确率分别为 94%、100% 和 97%，由于这 3 个搭配属于教材中的常见搭配，在多次反复的输入下，学习者掌握得较为扎实，而导致显著性差异产生的是"打（下）基础"这一搭配的测试结果。在本次实验中，并没有获得该影响因素下的较多偏误例句，但从前人的研究中可以看到很多持有相同论点的研究成果。

在英语作为第二语言的习得研究中，Koya（2005）认为，由非基本义动词组成的动宾搭配多为语义不透明或半透明搭配，这些搭配很难被学习者理解；搭配的语义透明度越低，它的可识别程度就越低，学习者在产出时就越困难。Nesselhauf（2003）证实了在具有中等程度限制（半自由搭配）的动宾搭配中，动词选择错误是导致搭配偏误的主要原因。基于这一发现，她认为应该把重点放在动宾搭配的动词上。而在汉语作为第二语言的习得研究中，程月（2008）和李斌（2011）指出，当一个动词有多种意义时，学习者往往会在产出动宾搭配的时候遇到困难。申修瑛（2007）从教育学的角度建议应该把搭配的教学重点放在动词的理解和产出上。上述研究结果均表明，"动词是/非基本义"对动宾搭配的产出具有一定影响。

4.6.3.3　动宾是/非离析形式

本次统计发现，在产出性习得的测试中，动宾离析形式对搭配的产出具有很大影响。动宾搭配非离析形式时，学习者可以很顺利地产出；反之，学习者出现偏误的频率增加。尤其初级被试组在动宾搭配离析形式的试题中（ID 02：产出性42%、接受性97%；ID 04：产出性70%、接受性100%；ID 07：产出性44%、接受性100%），产出性习得的成绩大大低于接受性习得。可见，动宾搭配的离析形式对日本学习者的搭配习得影响显著。

为了更清晰地观察，以初级被试组为统计对象，对产出性测试中以离析形式出现的三道初级动宾搭配试题（ID 02、04、07）的偏误形式及其数量进行统计整理，并以比例图形式呈现（见表4-18～表4-20和图4-12～图4-14）。

表4-18　〈ID 02：穿+衣服〉的偏误形式及数量（初级被试组）[①]

预期搭配	正确数量	偏误搭配例句	偏误数量
穿着（一件）白衣服	6	① 他穿白衣服	12
		② 他穿了白衣服	6
		③ 他在穿白衣服	3
		其他偏误[①]	5
		合计	26

---

① 数量为1或与离析形式无关的偏误则归入其他一项。

穿+衣服

其他偏误16%

其他65%

① 37%

② 19%

③ 9%

正确数量19%

■ 正确数量　■ 其他偏误　▨ ①　⊞ ②　⊠ ③

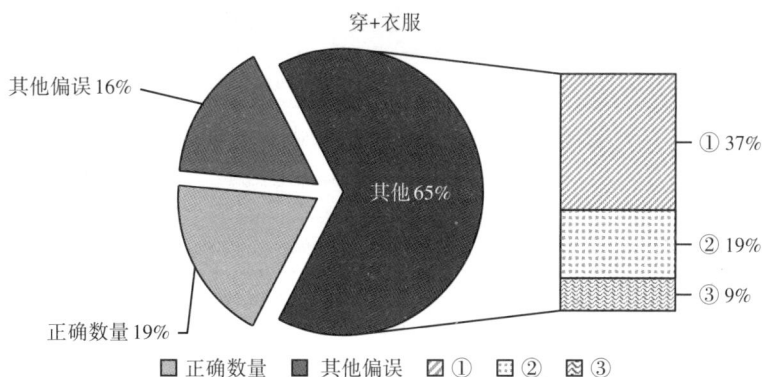

图 4-12　〈ID 02：穿+衣服〉的偏误形式及数量（初级被试组）

表 4-19　〈ID 04：买+东西〉的偏误形式及数量（初级被试组）

预期搭配	正确数量	偏误搭配例句	偏误数量
买完（了）东西 买完（了）东西以后 买完（了）东西后	18	① 买东西完	6
		② 买东西后	3
		③ 买东西以后	2
		④ 买东西结束	1
		其他偏误	2
		合计	14

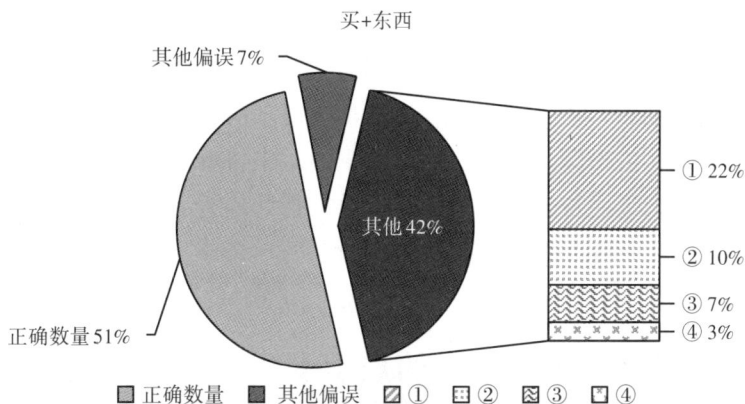

买+东西

其他偏误7%

其他42%

① 22%

② 10%

③ 7%

④ 3%

正确数量51%

■ 正确数量　■ 其他偏误　▨ ①　⊞ ②　⊠ ③　▱ ④

图 4-13　〈ID 04：买+东西〉的偏误形式及数量（初级被试组）

表4-20　〈ID 07：喝+咖啡〉的偏误形式及数量（初级被试组）

预期搭配	正确数量	偏误搭配例句	偏误数量
喝了一个小时咖啡	8	① 喝咖啡一个小时了	6
		② 一个小时喝咖啡了	5
		③ 喝咖啡一个小时	4
		④ 一个时间喝咖啡了	3
		⑤ 一个小时喝了咖啡	2
		其他偏误	4
		合计	24

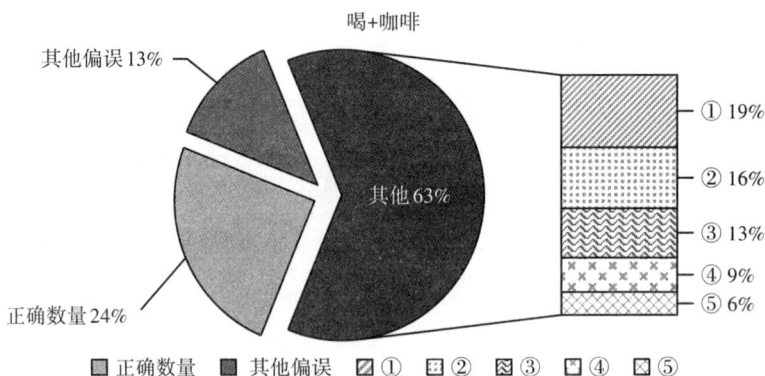

图4-14　〈ID 07：喝+咖啡〉的偏误形式及数量（初级被试组）

　　从上述分析可见，动宾离析形式对于初级学习者来说是动宾搭配习得上的一个难点，初级学习者产出的动宾搭配离析形式呈现出比较复杂的表现形式，值得深入研究。因此，下一章中将着眼点置于动宾搭配离析形式习得，进一步分析初级学习者动宾搭配离析形式上的偏误及其影响因素，从而提高动宾搭配教学的有效性。

4.7　对在日汉语教学的启示

　　目前，词语搭配接受性和产出性知识习得的研究多以英语为主，其中关于词汇量与学习者的搭配知识是否成正比这一论点，Carolie（1998）认为，学习者的搭配知识与他们在单个词汇的习得没有关系；相反，Gitsaki（1999）和 Koya（1999，2003）证明，随着一般词汇量的增加，搭配知识有了很大的发展。这一矛盾可以综合第 3 章和本章的研究结果来解释，即学习者的搭配知识是否可以有效习得，取决于一般词汇是如何被教授的，也就是说教材中该词汇是否以搭配尤其以典型搭配形式呈现，教师在课堂上是否以搭配形式或将该词汇放入正确的语境中进行讲解、教授，学习者的习得效果将因教授方法不同而大相径庭。

刘全福（1999）认为，学习者除了应该充分利用语境来掌握单词及其搭配的基本含义，还应该在学习汉语词汇时意识到搭配的重要性。李晓琪（2004）指出，对外汉语教育的现状是学习者通常能掌握单词的基本含义，但是词汇表没有给出与词汇相关的足够信息，尤其是搭配信息，这使得搭配知识整体存在缺乏。辛平（2015）认为，教师在讲授新单词时，应该在上下文中使用与之高频共现的搭配，从而促进习得更多的搭配。

通过本次日本学习者动宾搭配习得测试的结果分析，更有理由认为，学习者在学习搭配时，应该有意识地注意上下文，加深对搭配的理解；而教师在讲解新词汇时应实施词汇与其典型搭配的同步教学，这样才能促进学习者有效地习得搭配知识。

4.8　本章小结

本次实验结果再次说明了动宾搭配习得是一个漫长的积累过程，并无捷径可走。母语迁移在两组水平学习者中均表现出明显的影响，这证明了日本学习者在理解词汇搭配时仍然不能摆脱母语的思维习惯。根据本章的实验和统计分析，可以回答章首提出的三个问题。

第一，大部分日本学习者随着词汇量的增加而获得更多的动宾搭配知识，但词汇量的多少，并不是决定动宾搭配习得的唯一因素。

第二，大部分动宾搭配的接受性测试成绩越好，产出性成绩就越好，但一部分搭配的接受性与产出性成绩并不成正比。

　　第三，通过对3组、6个影响因素的考查，可以发现：在产出性知识习得方面，"日汉有/无相同语素""动宾是/非离析形式"对初级学习者动宾搭配产出性知识习得的影响具有统计学上的意义，"动词是/非基本义""动宾是/非离析形式"对中级学习者动宾搭配产出性知识习得的影响具有统计学上的意义。在接受性知识习得方面，初级组和中级组结果相同，"日汉有/无相同语素"对于动宾搭配的接受性知识习得的影响具有统计学上的意义，其余两组因素不具备。

第5章 初级学习者的动宾搭配离析形式习得分析
——以典型动宾式离合词为例

本章重点讨论第4章遗留问题——日本初级汉语学习者在动宾搭配离析形式习得上的难点，并将视点对焦于与其离析形式相似且习得难易度略高的动宾式离合词的离析形式。在对日本本土初级教材分析的基础上，通过接受性和产出性测试来探讨日本初级学习者在动宾式离合词离析形式方面的习得情况和偏误特点，对其偏误类型以及产生原因进行分析，并提出相应的教学建议。

5.1 问题提出

在第4章的研究中，发现理解初级典型动宾搭配的语义对初级日本学习者并不难，难的是如何使用，尤其是当动宾搭配以离析形式出现时更是难以正确运用。因为动宾搭配的离析形式非常丰富，正是这些既丰富又灵活的形式令学习者难以掌握和运用，使用偏误也主要集中在这里——他们不知道在什么情况下、在什么位置、插入什么样的成分。第4章初级被试组的动宾搭配产出性搭配习得测试中，出现了如下偏误：

① *我们一个小时喝咖啡了。
② *我们喝了咖啡一个小时。
③ *他昨天看了完两本书。
④ *他在穿白衣服。

以上偏误均为动宾搭配离析形式的偏误。除此以外，还出现了动宾搭配离析形式的回避现象。陈光磊（2001）以动宾搭配的本体为对象进行探讨，他把动宾搭配的结构特征概括为："从结构上看，词语搭配具有定型性，在使用上具有一定的自由度或灵活性。这种自由度或灵活性主要表现在以动宾关系为组合方式的动宾搭配上，或者可以作一定的内嵌离析，或者可以作一定的语序移位，或者可以作一定成分的变换……它们在结构上是有弹性的，而这种弹性特征是值得继续研究的"。本书认为有必要对动宾搭配的弹性特征进行考查与分析，并为在日汉语教学提供参考。

5.1.1　前导性研究（pilot study）

车晓庚（2006）从对外汉语教学的视角出发，通过实例提出"动宾搭配的内嵌离析和语序移位是掌握和运用动宾搭配的难点"。他认为，在动词和宾语搭配之间插入其他成分的语用与汉语的动宾式离合词的用法类似。

那么，动宾搭配的离析形式和动宾式离合词的离析形式，对于日本学习者来说，哪一个更难习得呢？教师教学指导的关键之一，就是应该对难点加强用力度，帮助日本学习者注意并攻破难点，实现有效教学（张恒悦，古川裕，2018）。为了比较两者的习得难度，进行了以下前导性研究。

（1）实验目的：对比动宾搭配的离析形式和动宾式离合词离析形式的习得难度。

（2）被试：被试为日本大阪府某大学汉语专业一年级学习者。参加人数为20人，获得有效分析数据为19人。被试汉语学习时间为8个月（2017年4月中旬—2017年12月中旬）。

（3）试题内容：动宾结构及其离析形式和动宾式离合词及其离析形式的日译汉试题。为了干扰学习者的有意识区分，试题设计时故意打乱了两种离析形式的排列。主要测试点为嵌入数量补语后的离析形式。

（4）实验结果：详见表5-1和表5-2。

表5-1　日译汉试题及答案

序号	日译汉试题	答案
1	寝る	睡觉
	一時間寝る	睡一个小时觉
2	中国に行く	去中国
	中国に一回行った	去了一次中国
3	歌う	唱歌
	一曲歌う	唱一首（个、支）歌
4	宿題をする	做（写）作业
	宿題を三時間した	做（写）了三个小时作业
5	コーヒーを飲む	喝咖啡
	コーヒーを三杯飲む	喝三杯咖啡
6	運転する	开车
	一時間運転する	开一个小时车

表5-2　动宾搭配离析形式与动宾式离合词离析形式正确答题数量对比图

动宾搭配	原型	离析形式	动宾式离合词	原型	离析形式
去中国	19	14	睡觉	19	9
做（写）作业	18	13	跳舞	18	13
喝咖啡	18	14	开车	19	6

　　由以上结果可知，初级学习者动宾结构离析形式的习得情况要好于动宾式离合词的离析形式。其偏误主要表现为对离合词没有足够的认识，把离合词看作一个词，只会"合"不会"分"。初级阶段的日本学习者对汉字有很强的依赖性，常常会根据与日语相同或相近的汉字来推测词或句子的意思，加之推测的准确度较高，因此他们的阅读能力大大好于其他国家的学习者。但是，日语里没有离合词这种语法现象，换而言之，在日语里只有"合"的形式，没有"离"的形式。一部分离合词虽然存

在中日同形词，但其在语法形式的变换上却是多种多样的，因此日本学习者容易出现偏误。此外，由于离合词是口语化的产物，而日本学习者不同程度地具有"含蓄""内向"的语言特征，会导致在语言实际应用上出现较多的障碍，因此日本学习者往往采取回避策略，不利于离合词的学习。

为了更全面深入地观察日本学习者对动宾结构离析形式的掌握情况，本章着眼于与其用法相似且学习者较难习得的动宾式离合词离析形式。

5.1.2　本章课题

本章具体探讨以下三个问题：

（1）初级日本学习者对动宾式离合词离析形式的接受性和产出性知识习得情况；

（2）动宾式离合词离析形式接受性和产出性知识习得的偏误特点及其原因；

（3）动宾式离合词的教学对策。

本章将通过实验描述日本学习者在初级阶段动宾式离合词离析形式的运用能力，梳理、分析学习者在这一难点中出现的偏误现象及其原因，从而提出相关教学建议，以期通过该习得难点的分析，帮助学习者更好地认知动宾搭配的离析形式，从而提高日本汉语学习者的动宾搭配离析形式的习得。

▋5.2　离合词的研究综述及其定义

5.2.1　离合词的定义

所谓离合词，是其构成成分既能以"合"的形式出现，又能以"分"的形式使用的词。合则为词，分则为词组。由于同时具有语义上的凝固性和语法联系上的松散性，因此一些学者把离合词归为语法与词汇相矛盾的典型现象，称其为"具有中国特色"的一类词，认为其十分具有值得探讨的意义。学术界对其见解也是众说纷纭，大致分为三种。

第一，主张离合词为词。离合词的现象一直到20世纪80年代中期才有文章进行专门的讨论。其中，李清华在《谈离合词的特点和用法》中指出，"对这类词（我们主张称为词，是特殊的词）"，可以"把它们当作特殊的词，能离析的词对待"。赵金铭（1984）在《能扩展的"动+名"格式的探讨》中也认为，动宾离合词跟词的相同之处比跟动宾词组多，所以判定离合词是词。认为离合词是词的还有金锡谟（1984），赵淑华、张宝林（1996）等。

第二，主张离合词为词组。代表人物有钟锓（1954）、吕叔湘（1979）、李临定（1990）等。吕叔湘（1979）在《汉语语法分析问题》中认为，"从词汇的角度看'睡觉、打仗'等都可以算作一个词，可是从语法的角度看，不得不认为这些组合是词组"，"这种例子最好还是归入短语"。

第三，主张离合词合为词，离为词组。最早提出这种看法的是陆志韦。他在《汉语的构词法》（1957）中提出了"离合词"这一概念，"离合词合起来是一个词；在同形式的结构里，两段分开了，就是两个词。"朱德熙、张寿康、刘叔新等学者也持有相近的见解。语言学界对离合词的见解不一，正说明了这类词亦此亦彼的特殊性。笔者比较认同于周上之（2001）《离合词是不是词》中的定义："离合词是一个具有词和词组中性状和兼有单词和词组双重功能的语词群体"。他继续从理论和对外汉语教学实践两方面论证了这一观点。笔者认为，这一观点对于在日汉语教学是大有帮助的。在日汉语教学中，特别是初级阶段，通常将离合词作为词来处理，往往造成了学习者把离合词混同于普通动词，基本上不会主动拆开使用，因此离合词"离"的形式往往成为日本学习者的习得难点。

5.2.2　离合词的划分

金锡谟（1984）在《合成词中的双音离合动词》一文中，第一次比较详细地对离合词进行了类型的划分。他在文中把离合词分为三类。

（1）动宾型。

A. 动词性部分之后加时态助词"着、了、过"：绝了望，戒了严……

B. 动词后加"得了"或"不了"，或"得""不得"：保不了险，兑不了现，帮得了忙……

C. 动·名后分别加适当的趋向动词：发起言来，喝起彩来……

D. 名词性部分前加修饰语：敬了个举手礼，撒了个天大的谎……

E. 中间插"的"变成偏正词组：敌人造的谣，老百姓遭的殃……

F. 倒装分离式：这个险我敢冒，心都为你白操了……

（2）动补型。

A. 中间加"得"：打得倒，推得翻……

B. 中间加"不"：抓不紧，提不高……

C. 形容词性补语成分前加副词：站得很稳，立得挺正……

（3）联合型。在两个组成部分前分别加上相同的形容词，能愿动词，代词或副词：大修大改，自生自长……

现代汉语离合词中，绝大多数是前后两个语素之间为动宾关系的动宾型词。HSK词汇大纲中86%的离合词是动宾式结构。"日本初级阶段学习指导大纲 学习词汇表"中出现的离合词全部是动宾式离合词。因此动宾式离合词一直是离合词习得的重点。

周上之（1998）从HSK词汇大纲的314个动宾型词中选出动宾式离合词共计248个，总结出8种离析形式，并统计出了语料中的离析频度，对各离析形式进行分析。任海波、王刚（2005）以语料库中有限文本内的316个离合词为对象进行了统计分析，总结出了4种离散形式并统计出了各形式的离散频度。马萍（2008）以上述两项研究为基础，另辟蹊径，对动宾式离合词的离析形式实施了整合编码，构拟出留学生离合词扩展形式习得的真实轨迹。王海峰（2011）基于CCL语料库对圈定的《汉语水平词汇与汉字等级大纲》（国家汉办〔1992〕）中207个离合词的离析形式进行了考查。他细致地归纳整理了207个离合词的离析形式，以穷尽性考查的方式得到离析形式句11498句（含离合词离析形式），将实际语料中出现的离合词的离析形式归纳为13种（见表5-3）。

表5-3　离合词的13种离析形式[①]

位次	离析形式	出现该离析形式的离合词数量	出现该离析形式的离合词所占（207个）比率	举例（以"帮忙"等为例）
1	A+了（+其他形式）+B	160	77.29%	帮了忙、帮了一个忙、帮了他的大忙
2	A+补语[②]+B	103	49.76%	帮完忙、帮起忙来
3	A+名词/代词（的）+B	84	40.58%	帮老师忙、帮他忙
4	A+数量词[③]+B	84	40.58%	帮一回忙、帮两个忙、帮一点忙
5	A+过（+其他形式）+B	74	35.75%	帮过忙、帮过他的忙、帮过一次忙
6	前置B+A	57	27.5%	忙帮了、连忙都不帮、把字签了
7	A+着（+其他形式）+B	41	19.81%	帮着忙、帮着他
8	A+的+B	36	17.39%	帮的忙
9	A+个+B	34	16.43%	帮个忙
10	A+形容词的（+的）+B	32	15.46%	帮大忙
11	A重叠+B	19	9.18%	帮帮忙
12	A+数词+B	13	6.28%	睡一觉、见两面
13	A+动词性成分（+的）+B	9	4.35%	吃管闲事的亏

　　为了更加准确起见，王海峰（2011）还对60个重点离合词中出现的11498条离析形式句按出现离析形式的例数进行统计，归纳为表5-4。

---

　　① A+了（+其他形式）+B，包括：A+了+B、A+了+数量词+B、A+了+数量词+名词+B、A+了+数量词+形容词+B、A+了+数词+B、A+了+名词/代词（的）+B、A+了+名词/代词+形容词+B等。A+过（+其他形式）+B，包括：A+过+B、A+过+数量词+B、A+过+数词+B、A+过+名词/代词+B、A+过+形容词（的）+B、A+过+动词+B等。A+着（+其他形式）+B，包括：A+着+B、A+着+名词/代词（的）+B、A+着+量词+B、A+着+形容词+B等。在统计离析形式时，为了避免重复计算，仅计算第一出现插入形式。如：A+了+数量词+B，其离析形式数量只计入A+了（+其他形式）+B中，不再计入A+数量词+B中。

　　② 补语可以分结果补语、可能补语等。

　　③ 数量词分名量词、动量词、时量词等，为了保持分类的整齐，王文将其归为一类。

表5-4　60个重点离合词离析形式（按离析形式的出现例数）

位次	离析形式	该形式出现例数（共11498句）	所占百分比
1	A+了（+其他形式）+B	4253	37%
2	A+名词/代词（的）+B	1518	13.20%
3	A+补语+B	1474	12.8%
4	A+数量词+B	1233	10.72%
5	A+过（+其他形式）+B	869	7.56%
6	A+着（+其他形式）+B	692	6.00%
7	前置B+A	316	2.75%
8	A+数词+B	292	2.54%
9	A+形容词的（+的）+B	286	2.4%
10	A+个+B	293	2.55%
11	A重叠+B	161	1.40%
12	A+的+B	111	0.97%
13	A+动词性成分（+的）+B	13	0.11%

综合表5-3和表5-4，发现两表都显示离合词插入"了"的离析形式最多，其次是插入补语或插入"名词/代词"以及"数量词"的离析形式，然后是插入体标记"过"，再次习得是插入"着"和B前置，这7种离析形式应该是离合词的主要离析形式。离合词中插入数词、形容词、"个""的"二字，以及动词A重叠的情况较居后位，而插入动词性成分的情况最少，居末位。

5.3　动宾式离合词在日本本土初级教材中的离析情况

5.3.1　日本本土初级教材的选取

Ellis（2002）以认知语言学的观点为依据，认为学习语言与学习其他认知技能是相近的，语言分布的方式和频次会更有效地帮助人们处理、加工不同层次的语言现象。教材作为汉语学习者接触到的最主要的语言材料，字、词在教材中的出现方式和重复出现的次数，会直接影响教学目标的实现、教育目的的达成和学习者的学习效果。据此，首先利用"日本本土初级汉语教材语料库"（见表3-1），考查了日本本土初级汉语教材中动宾式离合词的出现情况。

5.3.2 动宾式离合词的选取

典型范畴理论认为，范畴里最大量出现的实例总是例示（instantiate）了该范畴的原型（prototype）。Sinclair和Renouf（1988）也指出，"频率最高的那些词用途广泛，并且它们的用法覆盖了主要的语法点。"也就是说，那些高离析频率和高使用频率的离合词代表了离合词的特点，应将这些词作为研究对象进行探讨。通过统计分析"日本本土初级汉语教材语料库"发现，8本教材中一共出现了52个常用离合词。分别为：帮忙、见面、散步、睡觉、跳舞、吃饭、结婚、上班、毕业、干杯、考试、劳驾、上课、照相、唱歌、出差、出院、打针、放心、开车、请假、请客、问好、洗澡、下班、游泳、着急、挣钱、做饭、报名、吵架、出门、出事、担心、丢脸、发烧、发音、放假、告别、关门、换钱、减肥、开会、开门、离婚、聊天、录音、跑步、起床、生病、生气、养病。

以《日本初级阶段学习指导大纲》中的学习词汇表的离合词为依据，选取了在日本初级教材中出现率高（共现于3本教材以上）的16个动宾式离合词作为本次考查的对象。分别为：帮忙、毕业、见面、结婚、考试、请假、生气、跳舞、聊天、睡觉、散步、游泳、照相、开车、唱歌、出差。以上述16个离合词为例，总结动宾式离合词的离析形式，见表5-5。

表5-5 16个动宾式离合词的离析情况

（"○"表示有该离析形式，"—"表示没有该形式）

离合词	了	着	过	的	补语	名词/代词	形容词	数量词	数词	个	动词性	重叠	宾语前置
帮忙	○	—	○	○	○	○	○	—	○	—	○	—	○
毕业	○	—	—	○	○	—	—	—	○	—	○	—	○

表5-5（续）

离合词	了	着	过	的	补语	名词/代词	形容词	数量词	数词	个	动词性	重叠	宾语前置
见面	○	—	○	○	○	—	—	—	○	○	—	○	○
结婚	○	—	○	○	○	—	○	○	—	○	—	—	○
考试	○	○	○	○	○	○	○	○	○	○	○	○	○
请假	○	○	○	○	○	○	○	○	○	○	○	○	○
生气	○	○	○	○	○	○	○	○	○	○	○	—	○
跳舞	○	○	○	○	○	○	○	—	○	○	○	—	○
聊天	○	○	○	○	○	○	—	—	○	○	○	—	—
睡觉	○	○	○	○	○	○	○	○	○	○	○	○	○
散步	○	○	○	○	○	○	○	○	○	○	○	○	○
游泳	○	○	○	○	○	○	○	—	○	○	○	○	○
照相	○	○	○	○	○	○	○	○	○	○	○	○	○
开车	○	○	○	○	○	○	○	—	—	—	—	○	○
唱歌	○	○	○	○	○	○	○	○	○	○	—	○	○
出差	○	○	○	○	○	○	○	○	○	○	—	○	○

5.3.3　日本本土初级教材动宾式离合词的使用情况（表5-6）

表5-6　动宾式离合词离析形式在日本本土初级教材中的出现情况

（书名为简称）（"○"表示出现了离析形式）

序号	离合词	现代漢语基础	コミュニカティブ1	コミュニカティブ2	新すぐに使える中国語	西遊記へのオマージュ	かたちづくり	中国語並木道	中国語への道
1	帮忙	○		○					○
2	毕业	○				○	○	○	
3	见面					○			
4	结婚	○		○					

表5-6（续）

序号	离合词	现代漢語基礎	コミュニカティブ1	コミュニカティブ2	新すぐに使える中国語	西遊記へのオマージュ	かたちづくり	中国語並木道	中国語への道
5	考试								
6	请假		○	○			○		
7	生气								
8	跳舞								
9	聊天						○		
10	睡觉	○		○			○		
11	散步			○		○		○	
12	游泳			○	○				
13	照相								
14	开车	○	○	○		○			
15	唱歌		○	○	○	○		○	○
16	出差								

　　根据表5-6的统计可以发现，初级教材中离合词离析形式的例句数量较少，离析形式种类也不够丰富。本次考查的16个初级动宾式离合词，在8本教材中以离析形式出现的有11个，其例句总数量仅有27个，而且例句离析形式较单一，一个词仅有1～3种离析形式；关于离合词离析形式的练习也不多见，仅在『新コミュニカティブ中国語level 2』中发现了一个针对离合词的练习。总体来说，关于动宾式离合词离析形式方面的知识内容存在不足。

■ 5.4　动宾式离合词离析形式的接受性和产出性测试

　　为了考查初级学习者动宾式离合词离析形式接受性和产出性知识习得情况，通过以下实验进行分析。

5.4.1　实验说明

（1）被试。被试为日本大阪府两所大学汉语专业的51名一年级学生。调查问卷含有双选题，去除问卷一半以上未回答的3张，获得有效分析数据为48个。被试平均汉语学习时间为8个月（2017年4月中旬—2017年12月中旬）。

（2）实验目的。确认同一被试群对同一组动宾式离合词离析形式的接受性和产出性知识习得情况。

（3）实验设计。实验分为接受性和产出性测试（详见附录4、附录5），试题中的日语句子及其汉语翻译均取自『中日·日中辞典 第二版』（2010）。

（4）实验流程。

首先，进行单词的确认和学习，无时间限制。简单说明实验内容后，调查被试的汉语学习履历并确认试题中10个动宾式离合词是否都是被试的已知单词，如含有未知单词，则出示该单词的日语意思，帮助被试学习。

然后，进行产出性测试，测试时间为30分钟①。为了防止接受性测试中的选项给予被试过度提示，先进行了产出性测试。该测试目的是调查被试动宾式离合词离析形式的产出性知识习得情况。由于被试为初级学习者，在产出性测试中，避开了复杂的离析形式，测试中设计了离析形式中有关"A+名词/代词（的）+B""A+补语+B""A+数量词+B""A重叠+B"的产出情况，这几种均是出现频率较高的离析形式。测试题形式为：10道日译汉翻译题。要求被试使用提示词，将日语句子翻译成汉语。为了不影响接下来的接受性测试，实验后不公布正确答案。表5-7为试题实例。

表5-7　动宾式离合词离析形式产出性测试试题实例

提示词	日语句子	汉语翻译
1. 帮忙/帮助	手伝ってもらえますか?	

---

① 根据对模拟实验答题时间的多次测定，最终设定为该时间长度。接受性测试亦同。

最后，进行接受性测试，测试时间为20分钟。该测试目的是分析学习者动宾式离合词离析形式的接受性知识习得情况。为了更好地分析学习者产出的偏误，尽量全面地设计了多种离析形式，在接受性测试中设计了有关"A+名词/代词（的）+B""A+补语+B""A+数量词+B""A重叠+B""A+过（+其他形式）+B""A+着（+其他形式）+B""前置B+A""A+数词+B"的接受情况。测试题形式为：16道选择题（含多选）。错误选项均被7名汉语母语者中5名以上（含5名）判断为动宾式离合词离析形式不当。试题实例见表5-8。

表5-8 动宾式离合词离析形式接受性测试试题实例（以"帮忙"为例）

1. 帮忙：（彼は私を助けたことがある。） A. 他帮忙过我。 B. 他帮过忙我。 C. 他给我帮忙过。 D. 他帮过我的忙。

5.4.2 动宾式离合词离析形式接受性测试结果及偏误分析

5.4.2.1 接受性测试结果（表5-9）

表5-9 动宾式离合词离析形式接受性测试结果[1]

离合词/造句	正确率	偏误例句	偏误率
1. 帮忙：（彼は私を助けたことがある。） D. 他帮过我的忙。	14.6%	A. 他帮忙过我。	10.4%
		B. 他帮过忙我。	68.8%
		C. 他给我帮忙过。	6.20%
2. 毕业：（10年前、彼は大阪大学を卒業しました。） A. 他10年前从大阪大学毕业了。 C. 他10年前毕业于大阪大学。	37.5% 14.6%	B. 他10年前大阪大学毕业了。	25%
		D. 他10年前毕业大阪大学。	37.5%

① 由于本调查问卷设有双选题，因此A、B、C、D四项选择比率之和≥100%。

表5-9（续）

离合词/造句	正确率	偏误例句	偏误率
3. 唱歌：（私は一つ歌を歌ってもいいですか？） B. 我可以唱一首歌吗？	66.7%	A. 我可以唱歌一首吗？	0%
		C. 我可以一首唱歌吗？	12%
		D. 我可以唱一歌吗？	31.3%
4. 出差：（昨年、彼は一度だけ出張した事がある。） A. 去年他只出过一次差。	60.4%	B. 去年他只出了一次差。	8.33%
		C. 去年他只一次差过。	12.5%
		D. 去年他只出差过一次。	18.8%
5. 见面：（私は王先生と一度学校で会いました。） A. 我在学校跟王老师见了一次面。	25%	B. 我在学校见了一次王老师的面。	25%
		C. 我在学校一次见面王老师。	27%
		D. 我在学校见面王老师一次。	22.9%
6. 结婚：（彼は彼女と2度、结婚したことがある。） D. 他和她结了两次婚。	37.5%	A. 他和她两次结婚了。	27%
		B. 他结婚两次她了。	17%
		C. 他和她结婚两次了。	29%
7. 开车：（彼は運転しながら音楽を聞いていた。） A. 他一边开着车，一边听着音乐。	68.8%	B. 他一边开车着，一边听着音乐。	12.5%
		C. 他一边开了车，一边听了音乐。	10.4%
		D. 他一边开车了，一边听了音乐。	6.3%
8. 考试：（試験が終わるとすぐに休みが始まった。） B. 我们一考完试就放假了。	62.5%	A. 我们一考试就放假了。	6.25%
		C. 我们一考试完就放假了。	27.1%
		D. 我们一考试了就放假了。	6.25%
9. 聊天：（彼らは会うとすぐ話し始めます。） A. 他们一见面就开始聊天。 C. 他们一见面就聊起天来。	64.5% 10.4%	B. 他们一见面就聊天起来。	10.4%
		D. 他们一见面就聊起来天。	16.7%
10. 请假：（最近仕事がとても忙しくて、休めない。） A. 最近工作很忙，请不了假。 D. 最近工作很忙，连假也请不了。	20.8% 4.17%	B. 最近工作很忙，没有请假。	68.8%
		C. 最近工作很忙，请假不了。	4.17%

表 5-9（续）

离合词/造句	正确率	偏误例句	偏误率
11. 散步：（夕飯の後、私たちは少し公園に散歩に出かけます。） C. 晚饭后我们去公园散散步。	45.8%	A. 晚饭后我们去公园散步散步。	16.7%
		B. 晚饭后我们去公园散步步。	8.33%
		D. 晚饭后我们去公园散步一下。	70.8%
12. 生气：（私はお母さんに怒っている。） C. 我生妈妈的气。	12.08%	A. 我生气妈妈。	10.4%
		B. 我对妈妈生气。	85.4%
		D. 我让妈妈生气。	4.16%
13. 跳舞：（彼女はダンスが上手です。） A. 她跳舞跳得特别好。	52.1%	B. 她跳舞得特别好。	27.1%
		C. 她特别好地跳舞。	12.5%
		D. 她跳舞得好极了。	16%
14. 游泳：（今日、彼女は一時間水泳をしました。） D. 她今天游了一个小时的泳。	29.2%	A. 她今天游泳了一个小时。	18.8%
		B. 她今天游了泳一个小时。	29.2%
		C. 她今天一个小时游泳了。	22.9%
15. 照相：（友達を私は一枚の写真に撮って上げました。） D. 我给朋友照了一张相。	47.9%	A. 我给朋友照相了一张照片。	14.6%
		B. 我给朋友照一张相了。	29.2%
		C 我给了朋友一张照相。	10.4%
16. 睡觉：（昨日二時間しか寝なかった。） D. 昨天晚上我只睡了两个小时觉。	35.4%	A. 昨天晚上我只两个小时睡觉了。	39.6%
		B. 昨天晚上我只睡觉了两个小时。	22.9%
		C. 昨天晚上我只睡两个小时觉。	14.6%

5.4.2.2　偏误分析

（1）带动态助词"了""着""过"的偏误。离合词带动态助词时，动态助词大多应该用于离合词的动词之后，而日本学习者却把动态助词用在了整个离合词之后。偏误例句如下：

①　*昨天晚上我只两个小时睡觉了。（39.6%）①

*昨天晚上我只睡觉了两个小时。（22.9%）（日译：昨日二時間しか寝なかった。）

——————————

① 括号内为偏误例句所占比例，下同。

②*她今天游泳了一个小时。（18.8%）

　　*她今天一个小时游泳了。（22.9%）（日译：今日、彼女は一時間
　　水泳をしました。）

③*他一边开车着，一边听着音乐。（12.5%）（日译：彼は運転しな
　　がら音楽を聞いていた。）

④*去年他只也出差过一次。（18.8%）（日译：昨年、彼は一度だけ
　　出張した事がある。）

　　日语中的"寝る"（睡觉）、"泳ぐ"（游泳）、"運転する"（开车）、
"出張する"（出差）都是一般动词，因此日本学习者受母语影响，将
"了、着、过"放在了"睡觉、游泳、开车、出差"等整个离合词之后。
其中"寝る"（睡觉）、"泳ぐ"（游泳）变为"寝た/泳いだ"，是日语中表
示过去时的语法标志，有的情况下可以和汉语动态助词"了"相对应；
例句③中，"～をしながら、～をする"是日语中进行时的语法标志，多
与汉语动态助词"着"相对应；例句④中，"～をしたことがある"是强
调经验的语法标志，多和汉语动态助词"过"相对应。初级阶段的日本
学习者将离合词等同于一般动词，当这些离合词在句中带有时态标志时，
就出现了这样的偏误。

　　（2）动宾式离合词带补语的偏误。离合词带补语时，补语应该放在
离合词离析形式中的动词之后，而日本学习者把补语用在了整个离合词
之前或之后。偏误例句如下：

⑤*去年他只出差过一次。（18.8%）（日译：昨年、彼は一度だけ出
　　張した事がある。）

⑥*他和她结婚两次。（29%）（日译：彼は彼女と2度、結婚したこ
　　とがある。）

⑦*我在学校一次见面王老师。（27%）（日译：私は王先生と一度学
　　校で会いました。）

⑧*昨天晚上我只两个小时睡觉了。（39.6%）

　　*昨天晚上我只睡觉了两个小时。（22.9%）（日译：昨日二時間し
　　か寝なかった。）

⑨*她今天一个小时游泳了。（22.9%）

　　*她今天游泳了一个小时。（18.8%）（日译：今日、彼女は一時間

水泳をしました。）

⑩ *我们一考试完就放假了。（27.1%）（日译：試験が終わるとすぐに休みが始まった。）

出现例句⑤～⑩这样的偏误是因为日语中没有补语，汉语中的数量补语"两个小时"翻译成日语后，在句子中作状语。由于日本学习者把离合词"睡觉"等同于可作谓语的一般动词，加之受母语的干扰，所以误将汉语中作补语的数量短语当作状语，将其放在了"睡觉"的前边或后边。

⑪ *最近工作很忙，请假不了。（4.17%）（日译：最近仕事がとても忙しくて、休めない。）

⑫ *他们一见面就聊天起来。（10.4%）（日译：彼らは会うとすぐ話し始めました。）

出现例句⑪⑫这样的偏误是因为日语中没有补语，汉语的可能补语所表达的意思，在日语中要通过在动词、形容词后加"できる/できない"来表示，如：「休めない」（请不了假），休む（请假）+できない（不了）；「卒業できる」（毕得了业），卒業（毕业）+できる（得了）。汉语趋向补语"起来"所表达的意思，如"由下至上移动""开始某个动作"在日语中通过在动词后加「～をしだす」、「～をし始める」来表示，如：「太陽が昇ってきた」（太阳升起来了）、「拾い上げた」（捡起来了）、「歌いだした」（唱起歌来了）、「暖かくなってきた」（暖和起来了）。因此，日本学习者容易错把可能补语与趋向补语放在整个离合词之后。

⑬ *她跳舞得特别好。（27.1%）

*她跳舞得好极了。（16%）（日译：彼女はダンスが上手です。）

例句⑬中当离合词带由"得+副词+形容词"构成的程度补语时，程度补语不能直接用在离合词之后，而应该用在整个离合词及动词重叠之后，日本学习者将离合词等同于一般动词，所以将程度补语直接放在了离合词之后。离合词带补语是离合词离析形式中最为普遍的情况，由于日语中没有补语，汉语中不同种类的补语在日语中的情况也不尽相同。加之和汉语其他语法相比，补语对于日本学习者来说，学习起来格外困难，因此认为离合词带补语的情况应成为动宾式离合词教学中的重点。

（3）动宾式离合词带宾语的偏误。离合词带受事成分，方式之一就是受事成分作离合词离析形式中动词的宾语，偏误例句如下：

⑭ *我在学校一次见面王老师。（27%）（日译：私は王先生と一度学
校で会いました。）

见面在日语中为「会う」，虽然同为不及物动词，但动量词无须放在
日语动词后面，因此初级学习者易出现上述错误。

（4）动宾式离合词带定语的偏误。离合词带定语时，定语是用来修
饰离合词离析形式中的宾语，而非修饰整个离合词。这方面的偏误例句
如下：

⑮ *我可以一首唱歌吗？（12%）

*我可以唱一歌吗？（31.3%）（日译：私は一つ歌を歌ってもいい
ですか？）

⑯ *我给了朋友一张照相。（10.4%）（日译：友達を私は一枚の写真
に撮って上げました。）

离合词"唱歌"在日语中为动词且有对应汉字词，受母语影响，因
此出现了"一首唱歌"这样的偏误现象。"可以唱一首歌吗？"可以翻译
成「一曲、歌でもいいですか？」。其中「一曲」相当于汉语中的"一
首"，就出现了"可以一首唱歌吗？"这样的偏误。

（5）关于介词搭配的偏误。大多数动宾式离合词不能直接带宾语，
需要用介词来介引，日本学习者在这方面的偏误表现在下面的例句：

⑰ *他10年前毕业大阪大学。（37.5%）（日译：10年前、彼は大阪大
学を卒業しました。）

"毕业"「卒業する」在日语中是及物动词，可以直接带宾语，因此
日本学习者遗漏了介词，将宾语直接放在了离合词之后。

（6）其他离析形式上的偏误。初级日本学习者在离合词使用上存在
的偏误，主要表现为将离合词等同于一般动词。除此之外也有其他离析
形式上的偏误，偏误例句如下：

⑱ *他们一见面就聊起来天。（16.7%）（日译：彼らは会うとすぐ話
し始めた。）

⑲ *他帮过忙我。（68.8%）（日译：彼は私を助けたことがある。）

⑳ *晚饭后我们去公园散散步步。（8.33%）（日译：夕飯の後、私た
ちは少し公園に散歩に出かけます。）

从整体上看，初级学习者产出这些"离析形式"，一方面是因为有些

动宾式离合词翻译成日语后变为动宾短语，另一方面他们在学习汉语的过程中接触到了少数几个常用离合词惯用的离析方式，同时也不排除调查问卷本身的影响。这些离合词离析形式方面的偏误，涉及离合词多个方面，带有较大的随机性，如例句⑱中，学习者意识到"聊天"是一个离合词，但遗憾的是，惯性地将补语置于动词之后，忽视了宾语与方向补语的位置关系，所以出现了"聊起来天"这样的偏误。"帮忙"是言语交际中较为常用的离合词，在日语中为及物动词，因受母语干扰，日本学习者把宾语"我"放在了离合词之后，出现了例句⑲中的偏误。汉语中形容词的重叠形式为"AABB"，学习者在言语交际中经常接触形容词的重叠形式，如"干干净净、高高兴兴、清清楚楚"，就将离合词按照形容词的AABB重叠方式加以重叠，出现例句⑳的偏误，在教学中，我们还发现过类似的偏误有"跑跑步步、跳跳舞舞"等。因此，出现例句⑱～⑳这样的偏误，不仅是受母语干扰的结果，也是学习过程中受言语交际影响的结果。

从表5-9的正确率来看，学习者对于离析形式的回避现象比较明显。这与离合词可离析而增加的使用难度有一定关系，如选择"开始聊天"的人（64.5%）比选择"聊起天来"的人（10.4%）要多，选择"请不了假"的人（20.8%）要比选择离析形式难度较高的宾语前置形式"连假也请不了"（4.7%）的人多。这再次表明，初级学习者能够正确使用的离合词只限于几个常见离合词的常用离析形式，对离合词的全面认识还远远不够。

5.4.3 动宾式离合词离析形式产出性测试结果及偏误分析

5.4.3.1 产出性测试结果（见表5-10）

表5-10 动宾式离合词离析形式产出性测试结果

离合词/日语句子/汉语翻译	正确率	偏误例句举例/数量
1. 帮忙/帮助： 手伝ってもらえますか？ 你可以帮我的忙吗？/你能帮助我吗？	12.5%	你能不能帮忙一下？/2
		你可以帮忙我吗？/5
		你能帮我忙一下吗？/2
		你帮我的助吗？/2

表5-10（续）

离合词/日语句子/汉语翻译	正确率	偏误例句举例/数量
2. 游泳： 今日彼女は一時間水泳をしました。 她今天游了一个小时的泳。	33.33%	她今天游泳了一个小时。/5 她今天游泳一个小时了。/3 她今天一个小时游泳了。/3
3. 请假： 最近仕事が忙しいので、お休みが取れない。 最近工作很忙，请不了假。/最近工作很忙，不能请假。	10.41%	最近实在太忙了，请不假。/3 最近很忙，不可以请一个假。/1 最近很忙，请假不了。/4 最近我太忙了，不能请了一个假。/1 最近太忙，所以请不到假。/1
4. 散步： 晩御飯の後、公園に散步にいきましょう。 我们晚饭后去公园散散步吧。	75%	晚饭后去公园散散步步。/2 我们吃晚饭以后，去公园散步一下。/2
5. 生气： お母さんは私を怒った。 妈妈生我的气了。	12.5%	妈妈对（给、向）我生气了。/7 妈妈生了我气。/1 妈妈对生我的气。/1 妈妈生气我了。/4 妈妈给我生气。/1
6. 睡觉： 私は昨日たった2時間しか寝ていない。 我昨天晚上只睡了两个小时（的）觉。	20.83%	昨晚我只两个小时睡觉。/4 我昨晚只睡两个小时觉。/2 昨天晚上睡觉睡了只两个小时。/1 昨天晚上只睡觉了两个小时。/1 昨天晚上睡觉了只有两个小时。/1
7. 跳舞： 彼女はダンスが上手です。 她跳舞跳得很好。	62.5%	她跳舞很好。/13 她跳舞跳得好。/6 她跳舞跳了很好。/4 她跳得很好。/2 她的跳舞很好。/2

表5-10（续）

离合词/日语句子/汉语翻译	正确率	偏误例句举例/数量
8. 问好/问候： 彼らによろしくお伝えて下さい。 请问他们好。/请替我向他们问好。/请替我问候他们。	39.58%	请替我问好他们吧。/3
		你替我跟他们问好一下。/1
		你替我让他们问好问好吧。/1
		向他们转告一下问我的好。1
		请替我问好他们。/1
		你替我对他们给问好。1
		请您替我向他们问候。/1
		请你替我向他们问一点儿候。/1
9. 洗澡： 彼はお風呂に入ってから寝ました。 他洗完澡就睡觉了。	60.41%	他洗完澡了就睡觉了。/2
		他洗澡完后就睡觉了。/1
		他洗澡后就睡觉。/4
		他一洗了澡就睡觉。/1
		他洗澡完就睡觉了。/2
10. 照相： 私は友達の写真を3枚撮った。 我给朋友照了三张相。	41.67%	我给朋友三张照了相。/3
		我给朋友照三张相。/1
		我给朋友照相了三张。/2
		我给朋友照三片的相。/1
		我给朋友照了三张片。/1
		我给朋友照了三张照相。/2
		我照了朋友三张相。/1

5.4.3.2　偏误分析

从调查结果看，初级日本学习者掌握了一些常用离合词的简单、惯用的离析方式，但是对于像"生气""请假"题中出现的相对特殊、复杂的离析方式还没有掌握。偏误原因及偏误例子所涉及的语法点都在产出性测试所涉及的范围之内，如离合词带补语时补语的位置、离合词带宾语时宾语的位置等，在偏误类型上，将离合词作为一般动词的现象比离析形式上的偏误更明显，这与接受性测试中离合词偏误集中在离析形式上有所不同。这说明，初级学习者的实际水平也许还没有达到接受性测试结果所表现出的水平。此外，在离合词的离析上，除了接受性测试中存在的偏误以外，主观题中明显表现出离合词分离的过度泛化现象，这是接受性测试时中没有发现的，偏误例句如下：

㉑ *最近实在太忙了，不可以请一个假。

㉒ *因为最近太忙，所以不能请了一个假。

㉓ *你给她的妈妈生了个气。

㉔ *我给朋友照相了一张照片。

实际上，离合词只有在句子中作主要谓语时才能离析，而且有些词不是离合词，也出现了分离现象。

㉕ *你帮我的助吗？

㉖ *请你替我向他们问一点儿候。

㉗ *我给朋友照了一张片。

以上偏误说明，一些学习者已经有意识地将学到的离析知识加以运用，然而在离合词语法知识还存在欠缺的情况下，这种积极的尝试，反而造成了离析的过度泛化。这种情况更加说明了需要在初级阶段开始就有计划、分步骤地进行离合词教学，让学习者明确学过的词中哪些词是离合词、离合词在什么情况下可以离析，将离合词的离析形式所涉及的语法与课堂上的动宾搭配的语法教学紧密结合起来。这样才能让学习者更好地掌握离合词，从而更好地掌握动宾搭配的离析形式，不断提高表达的准确性。

综上所述，日本初级学习者关于动宾式离合词的知识还存在欠缺，对哪些词是离合词以及离合词的离析形式并不清楚。由于产出性测试中学习者回避使用离析形式，因此少数离析形式上的偏误也并没有呈现规律性。

5.5　偏误的原因

5.5.1　汉语习得中的母语负迁移

第二语言习得的相关研究表明，二语学习的过程是一个在假设中建构和验证的创造性过程。在这一过程中，学习者会使用自己的母语以及其他所有知识，来提升自己的中介语。由此可见，母语迁移是不可避免的。Gass 和 Selinker（2002）认为，"有足够的证据表明，的确存在语言迁移现象，这是一个重要问题，二语习得的研究有必要考虑这个现象及问题"。初级阶段的日本学习者在言语交际中遇到离合词离析形式的问题时，他们会发生日语对汉语使用的迁移，主要表现为以日语语法为依据，按照日语与汉语语法上简单的对应关系进行对译，从而出现偏误。

5.5.2　离析形式的输入和输出频率不足

Ellis（2002）认为，从认知的角度看，语言习得的决定因素在于频率。学习者大脑中的语言表征反映了形式与功能相匹配的出现场景，语言习得在这些语言表征之间建立联系，该联系的取得需要通过强化输入类型频率和练习频率。语言形式的高频性还可以有效地避免过度概括（overgeneralization）的发生。Goldberg（2006）提出学习者一般需要借助于占先统计过程（statistical process of preemption）来完成概括过程。占先统计过程是指在言语产生时，只要有效地满足上下文的功能需求，特定的知识总是能够优先于一般知识得到提取。比如"开着车"可以优先于"开车着"，"看一个小时书"可以优先于"看书一个小时"。优先的主要原因是，即使一般规律显示构式 A 可以运用，但是学习者发现在特定的情境中构式 A 是完全不合理的，构式 B 才是人们经常用到的，由此构式 B 就能有效地占先构式 A（梁君英，2007）。通过本研究的统计可以发现，在初级教材中，离合词离析形式的例句数量较少，离析形式种类也不够丰富。据统计（见表 5-7），本次考查的 16 个初级动宾式离合词，在日本本土初级汉语教材语料库中以离析形式出现的离合词仅有11个，出现的27个离析例句形式较单一、数量很少；关于离合词离析形式的练习也不多见。

5.5.3 过度泛化

学习者在学习过一些离合词后，会出现凭借自己对离合词的片面理解而过度类推的现象，在不该用离合词的地方用了离合词，或在不该分开使用的时候，在离合词中间插入了其他成分。如本次问卷中的错误选项"我给朋友照相了一张照片"，这里完全不需要用离合词"照相"，用"照"更贴切。学习者由于过度类推，把"照相"等同于日语的"撮る"，造成了离合词使用上的偏误。

5.5.4 教学因素的影响

第一，教师的讲解不到位、不透彻。教师充分的讲解能使学习者举一反三，反之则会直接影响学习者使用离合词的准确度。例如"帮忙"一词，如果教师只是简单说明：可整体使用，例如"需要帮忙吗？"，也可分开使用，例如"帮过忙"。笔者认为，这样的说明是远远不够的。由于该词是离合词中较特殊的一个，如果不透彻地说明"离""合"两种形式的相互关系与使用条件，以及和一些近义词语的区别，学习者就很难做到正确使用。但本次问卷中，68.8%的学习者并不清楚"帮忙"带宾语的形式，因此选择了"B. 他帮过忙我"；10.4%的学习者把"帮忙"的离析形式等同于了"帮助"，选择了"A. 他帮忙过我"。在课堂时间允许的情况下，讲解时如果教师能加入"帮忙"与"帮助"的使用区别，并强调出离合词的重要特点"不能带宾语"，将会大幅降低上述偏误发生的数量。再如"毕业"这个词，问卷中37.5%的学习者把"大学毕业"表达成了"毕业大学"。如果教师对"毕业""不能带宾语"的问题加以强调、并举例说明的话，就可减少或避免这种偏误的发生，帮助学习者更好地理解离合词的特性。

第二，教材编排知识点不明确。大学一年级的日本学习者刚开始学习汉语，教材中出现离合词最为基本的离析形式，是易于日本学习者学习、符合教学规律的。但在离合词的处理上日本汉语教材还存在一定问题，具体表现在：没有对离合词进行标记说明。离合词和一般动词做相同的处理，就无法体现出离合词的特点。从表5-11中可以看出，8本教材中，只有『现代汉语基础』、『新すぐに使える中国語』、『西遊記へのオマージュ』、『かたちづくり』中对离合词进行了处理，例如在注音的时候注意使用空格和双斜线，注意到对离合词语音的标注，把离合词表示为"散步（sàn bù）"，或者"散步（sàn // bù）"，有意识地对离合词进行了标注，但重视度还不够，仅在拼音上标明，而对离合词的用法仍然没有做出明确的说明。

　　而其他教材对离合词在注音和用法上反映均不明显，不足以引起教师和学习者的注意。这样学习者就不知道哪些词是离合词、可以分离扩展。而在说明介绍方面，仅有『新コミュニカティブ中国語 level 2』为离合词立项，介绍其特点，而其他的初级教材中均未提及离合词这一概念。从本次考查的结果来看，有必要在初级阶段将离合词知识作为一个语法项目适度地纳入教学内容。

表5-11　各教材对离合词的说明和标注
（　）内为标注方式

	现代漢語基礎	コミュニカティブ 1	コミュニカティブ 2	新すぐに使える中国語	西遊記へのオマージュ	かたちづくり	中国語の並木道	中国語への道
语音标注	○（//）	×	×	○（空格）	○（空格）	○（空格）	○（//）	○（空格）
立项说明	×	×	○	×	×	×	×	×

　　第三，离合词教学缺乏系统性。日本汉语教材中几乎没有涉及离合词特点、类型以及离析形式的说明，仅在讲解个别词语时举例了一些离合词的离析形式。离合词的离析形式零散地出现在各个语法点中，没有独立出来，更说不上具有系统性，这样既无法对学习者接触过的离合词进行总结，也不能使学习者对离合词有整体的了解和认识。即便学习者

掌握了离合词的定义并学会了一些离合词的用法，但仍无法触类旁通地运用。离合词中特有的重点语言现象是很有必要在初级教学上单独立项予以阐述和说明的。

第四，常用离合词离析形式的收录数量不足。本次实验中的16个离合词是汉语词汇里的基础常用词，但其离析形式在日本本土汉语初级教材中的收录数量都较低，这就导致了测试结果中，学习者对常见离合词的掌握情况还存在知识片面、类型单一的缺陷。

第五，缺乏课后练习强化知识点。如前所述，教材对离合词的重视程度有所欠缺，这表现为与离合词相关的课后练习题数量很少，很难对知识进行巩固和补充。离合词教学除了在教材的语法说明中有待充实以外，还应该增加一些常用离合词课后练习题，让学习者有针对性地熟读并记忆一些常见的离析形式，这样可以强化对知识的理解，提高离合词使用的准确度和熟练度。如巩固"唱歌"等离合词加动态助词及数量短语的离析形式，可列出"唱了歌、唱着歌、唱过歌、唱了一首歌、唱了（过）一遍歌"等。

5.6 对在日汉语教学的启示

第一，规定离合词的阶段性教学范围，减轻离合词教学及学习负担。Sinclair和Renouf（1988）认为，在研究英语教学时，"应把语言中最常见的词形和这些词形的核心用法模式以及它们的典型组合作为教学重点，频率最高的词的用途十分广泛"。他们的观点对动宾式离合词的离析形式教学有一定的借鉴作用。

本书将初级阶段动宾离合词教学词汇的范围定为共34个（见附录6）。包括两部分：① 《新汉语水平考试大纲》①（2009年版）是中国对外汉语教学总体设计、课堂教学、教材编写以及成绩测试的主要依据，其中HSK 1级词汇中有23个离合词。《日本汉语初级阶段学习指导大纲 学习词汇表》作为在日汉语初级教学的大纲，其中动宾式离合词共19个。我

---

① 《新汉语水平考试大纲》是2009年商务印书馆出版的图书，孔子学院总部制作发行。

们将两者整合，共有29个。② 在日本本土初级汉语教材里出现频次比较高的5个离合词"走路""关门""开车""换钱""减肥"，在《新汉语水平考试大纲》中都以分开的形式出现，其中"走""关""开""换"为HSK 1级词汇，"减"为HSK 2级词汇，这些初级教材常见离合词也应该放入初级阶段进行讲解。

此外，还应把握住离合词的教学重点，按照离析形式在实际语料中使用频率的多寡和偏误率顺序，循序渐进地教给学习者，同时将这些知识活用到动宾搭配的离析形式上，以便学习者更流畅、更准确地输出动宾搭配。同时还应注意的是，被试产出性测试中"请假、帮忙、生气、睡觉"这四个离合词的离析形式涉及的语法问题较复杂，调查中正确率很低，分别是10.41%、12.5%、12.5%和20.83%，所以在讲解时应该遵循循序渐进、从易到难的原则，若将这些离合词的所有离析形式一次性说明完，会使学习者产生畏难情绪，很难收到良好的教学效果。

第二，增加离析形式的输入频率和强度。在离合词教学方面，为了让学习者在大脑中自觉地建立起离析形式的语言表征，需要重视离析形式具体例句的输入频率。在教授动宾式离合词时，还应不断地、有效地向学习者输入与离合词离析形式相关的语法规则、语用信息等知识材料（比如离合词离析形式的主观意义以及使用环境等），尽量让学习者自己通过对语言的感悟去掌握离析形式的特性，因为语感的形成要依靠大量的语言材料（言语范例）（王初明，2001）。此外，还要注意通过反复、大量的训练，正确地输出。Gass和Mackey（2002）认为，输入和输出频率在语言学习中具有同等重要的作用。输入频率可以强化语言点的学习和分析，认识语言规律；而输出则能够巩固知识，提供有效的练习。有了足够的输入和输出，学习者就可以循序渐进地、自觉地使用离合词离析形式。

第三，统一标记离合词。统一各种教材中对离合词及离合词拼音的标记方式，可以在注音中加双斜线的方式标记离合词，如"散步"标记为"sàn // bù"等。

▊5.7 本章小结

本章在前人对外汉语教学中离合词偏误研究的成果上，以日本本土初级教材为依据，考查了日本初级学习者在习得汉语动宾式离合词的习得情况和偏误类别，依据分析结果，回答章首提出的三个问题。

第一，通过对比动宾式离合词离析形式的产出性和接受性测试，我们发现，初级日本学习者接受性知识习得好于产出性。

第二，偏误类型表现为动宾式离合词带动态助词"了""着""过"的偏误，以及带补语的偏误、带宾语的偏误、带定语的偏误和其他偏误。从总体上看，产出性测试中将离合词作为一般动词比接受性习得更明显，同时出现了离合词分离的过度泛化现象。造成偏误的原因主要有四点：一是母语负迁移；二是离析形式的输入和输出频率低；三是过度泛化；四是教学因素的影响。

第三，在教学建议方面，应该规定离合词的阶段性教学范围，减轻离合词的教学和学习负担，统一各种教材中对离合词及离合词的拼音的标记方式。在讲授动宾式离合词语法特点的同时，教师还应该将这些动宾式离合词的离析知识运用到动宾搭配的离析形式上，帮助学习者更流畅、更准确地输出动宾搭配。

第6章 从认知心理学视角对在日汉语动宾搭配教学的思考和建议

本章从认知心理学视角出发，探讨认知心理学与词语搭配习得的关系。依据心理学理论对第4章和第5章提出的重点问题进行了阐述和分析，并有针对性地对在日汉语动宾搭配教学提出了建议。

通过第3章、第4章、第5章的考查与实验，笔者有以下几点发现。第一，母语迁移是日本学习者习得汉语时的重要影响因素。第二，日本与中国虽同属汉字文化圈，但研究结果与前人一致，日本学习者动宾搭配的接受性知识优于产出性知识。第三，从总体上看，一般汉语词汇量越大，动宾搭配知识水平越好。但无论是产出性还是接受性测试，一部分搭配知识与一般词汇量的发展呈现出不共时的特征。因此，本章主要运用认知心理学理论，解决以下三个问题：

① 母语迁移对日本学习者动宾搭配习得产生哪些影响；
② 为何动宾搭配的产出性知识习得水平低于接受性知识习得水平；
③ 为何一般词汇量与动宾搭配知识的增加及拓展不共时。

6.1 母语迁移对日本学习者动宾搭配习得的影响

尽管有许多研究者目前不再坚持母语影响是二语习得最大的影响因素，但是也很少有人否认其重要性。研究者们一致同意，二语习得理论的研究必须考虑母语影响（Kellerman，1978）。

进入20世纪80年代后，一部分应用语言学家通过研究发现了母语迁移在二语习得中起着不可忽视的作用，研究对象多为迁移的背景、迁移的条件、迁移与哪些因素相互作用对习得产生影响等。Ellis（1994）指出，"迁移研究的一个明显进步表现在对母语影响的再思考：行为主义理论把它视为一种障碍（错误的根源）；而认知理论则将其视为外语学习者积极采用的构建过渡期的资源"。

日本汉语学习者大多是从18岁以后才开始学习汉语的。根据神经语言学研究，这些学习者的母语和第二语言在布洛卡区处于不同的位置（Blakeslee，1997），即他们使用母语和汉语言思维时牵动的大脑区域并不是同一位置。而这两个区域之间主要靠迁移来维系关系，因此迁移在汉语习得中的影响是非常重要的。日本学习者如果对汉语使用还没有达到流畅自如的程度，即还不能即时启动或者不能完全启动需要的语言项目及与该项目有关的内容（如固定搭配、词语搭配等），那么学习者就有可能采取回避策略（avoidance strategy）或补偿策略（compensatory strategy）来激活并使用母语中对等的项目，这样就造成了日语对汉语使用的迁移。

6.1.1 母语迁移的影响

桂诗春（2005）认为，学习者在学习二语之前都已经形成了较为完整的母语系统，这是发生母语迁移影响的主要原因，但绝大多数学习者的二语系统却存在不同程度的不完整性，促使这些不完整性形成的因素很多。不完整的二语系统无法满足学习者表达较复杂思想的需要，很多情况又需要马上对应而无法采取回避策略，这样学习者就不得不依赖母语系统，从而造成了母语迁移现象。

母语迁移有两种情况。第一，在表示某一现象时，一种语言有一个特定的名称，而另一种语言却没有，因而在表示同一个概念时，必须借助迂回法。在一种语言里用单词表达的语义特征，在另一种语言里则只能用多词短语的形式来表达。第二，在表达某一现象时，一种语言只用一个词，而另一种语言却可以用两个甚至两个以上的词表达同一经验领域。日本汉语学习者在汉语运用中，如果仅从概念出发，只能找到意义上相关的汉语单词，不能找到恰当的词汇及其用法。在这种情况下，学习者往往会采取"逐词翻译"的方法，造出一些"日化"的句子。例如，第4章典型动宾搭配的产出性测试中出现了"喝药（薬を飲む）、基本法律（法律に基づく）、进计划（計画を進む）、建基础（基礎を築く）"等"日式汉语搭配"。有时学习者在汉语中找不到可以恰当并准确表达的词，就会选用一个意义较广、覆盖面较大的词来代替，这样就造成一些词的过度使用（overuse）甚至错误使用。如第4章和第5章中出现的"照相照片（写真を撮る）、用开车（車で）、有成功的条件（成功する条件が揃っている）"等。再以"V+条件"为例，除了"有"以外，被试还误用了"齐、全、齐全"等形容词作为搭配动词。这些偏误反映出学习者对中心词还缺乏清晰的心理认知，以及日语思维对学习者汉语表达的影响。学习者的中介语里常用词的过度使用现象比较常见，表明学习者并没有掌握这些词的具体搭配，使用时只能利用其母语思维来表达概念和意义，选择一些仅在语义上存在某种联系，并且表达意义具有概括性的词汇，因此被过度使用的词往往是一些上位词。

不同母语会对二语习得产生不同的影响，词汇习得和词语搭配习得方面的影响就包含其中。那么，在母语为日语的背景下，日本学习者的汉语词语搭配习得会呈现什么样的特点呢？这些特点主要表现在以下几个方面。

（1）日语文化背景影响汉语词汇的识别与记忆过程。桂诗春（2005）根据中国国内和国外心理学界对汉字形、音、义激活时间进程的研究，认为激活的顺序为：先激活汉字的识别和字形，后激活字音和字义。究其原因，这与汉字的字形有关。汉字作为象形文字，是表意体系的文字，一部分汉字形可以会意，因此视觉表征的效果很明显。日语中也含有很多表意体系的文字，这些文字的字形和汉字一样能帮助学习者会意，因此发生跨语言迁移，日语母语的某些规则会无意识地转移到汉语学习中去，日语的某些组词规则与搭配习惯就很容易"转移"到汉语学习中去，从而对汉语学习产生影响。例如第4章产出性测试中出现很多"生造搭配"："筑基础（基礎を築く）""进计划（計画を進む）""打胜困难（困難を打ち勝つ）""总括经验（経験を総括する）""取入方法（方法を取り入れる）"等，笔者发现大多数生造搭配都具有一个特点：动词与日语的构词相同或相似，构词形式接近于日语的复合词。可见组词规则与搭配习惯如果符合日本学习者母语的思维方式，"转移"就容易发生。虽然日语词汇的特点支持日语词汇在大脑中以分解储存的方式储存，但是在产出汉语词汇时则会不可避免地受到母语词汇储存方式的影响。

（2）日语本身可帮助汉语词汇以分解形式记忆。研究者普遍认为，母语的习得会对第二语言习得产生影响。第4章动宾搭配产出性知识习得的实验发现，汉语词汇的分解储存倾向十分明显，尤其对中级学习者更是如此。母语的习得是如何作用于二语习得的呢？可以从汉字的理据性特征和日中复合词两个角度进行分析。

首先，日语与汉语具有相似性较强的理据性特征，有利于词的分解储存。自古以来，民间有"认字认一半"之说，汉语属于表意体系文字，具有明显的理据性，正如罗常培（2011）所指出的，分析汉字字形可以帮助了解本意，例如，以"贝"为意符的形声字：财、贷、贿、资、赠、赏、赐、货、贸、赊、贪、费、贵、贱等，都与财物有关。对构词成分"贝"的理解可以使学习者有一种表面化的认识，即使还不知道以上汉字的意思，但这种认识今后能够帮助他们深入学习。由此可见，汉字的理据性特征是符合"认知经济"原理的，支持词的分解储存。

其次，日语和汉语中的复合词占有很大比重，日语词汇本身的储存方式也倾向于分解储存，这对汉语习得中的词汇分解储存起到了强化作用。如汉语中以"有"为词素的"拥有""占有""持有""所有"，日语中也有「保有」、「占有」、「併有」、「所有」等。对于上述词汇，如果以整体储存方式在头脑中储存，会在一定程度上增加大脑的认知负担，所以学习者会采用分解储存的方式。这样，不仅可以对含有相同词素的其他多音节词进行更好的认知与储存，还能起到节省加工时间和有效利用认知资源的效果。

但分解储存既有利又有弊，同为汉字文化圈语言的日语和汉语之间存在同形同义字和同形近义字，研究表明，由这些字组成的词较易出现偏误。其偏误大多由于上述两方面因素致使日本学习者通过词中一个词素的意义对整词进行过分类推，导致了搭配的使用不当（汝利娜，2011）。

（3）日语的词语搭配规则会对汉语词语搭配习得造成负迁移。在作为二语的写作研究中，研究者发现日本学习者存在着词语搭配形式的过度泛化和明显的造词现象（Koya，2003）。这些现象主要是因语内迁移（intralingual transfer）与语际迁移（interlingual transfer）造成的。语内迁移是指学习者错误地推广运用汉语的某些规则。在本次研究中，笔者发现主要表现在第4章动宾搭配产出性测试中出现的"胜困难""赢困难""要求意见"。语际迁移则是指学习者因过度依赖自己的母语而造成错误。由于学习者对目标语的语法规则和搭配规则了解不充分，所以会误把母语的一部分内容移换到目标语中。这主要表现在第4章动宾搭配离析形式的产出上，如"一个小时喝咖啡""买东西完"等类似错误，这些偏误在日常教学中经常能看到，这也是日语语法规则在汉语习得中负迁移的具体表现之一。

综上所述，日语对汉语动宾搭配习得的影响应引起充分的重视。这些影响有正面的，也会有负面的，对这一现象的深入认识与研究，会对理解词汇的真正内涵有所帮助。第二语言词汇习得是有规律性可循的，需要掌握此规律，进而构建科学而完整的研究理论体系，服务于在日汉语教学。

6.1.2　教学对策

不同的语言反映着不同的思维方式和世界观，因此学习一门外语不仅仅是掌握一种语言，也不仅仅是学习一种技巧，而是转换一种思维习惯和思维方式。应用语言学家Corder（1973）对此指出，"学习第二语言确实涉及某种程度的重新分类的问题，而程度的大小也视这两种语言而不同。或者可以反过来说，学习第二语言的确要学习用该语言的母语者所习惯的方法来观察世界，也就是说的确要学习他们的文化"。那么，在汉语词语搭配教学过程中应该如何克服母语对汉语的负迁移，使日本学习者从一个"表达习惯"跨入另一个"表达习惯"呢？以下几个方面的问题值得注意。

（1）中日两种语言的对比，有利于汉语动宾搭配习得。语言的不同体现了人类个体从不同的角度去看待、理解世界，而在语言中则体现为民族性。Whorf（1997）说，"不同语言所包含的都是该语言的社会内约定俗成的形式，人们以此为规则进行交际活动，传送理念，并且建立意识的大厦。"不同的语言表达了从不同的角度去看待世界。介于历史文化、风俗传统和地域差异等因素，中日两种语言虽各有个性，但因为同处于汉字文化圈，同中有异，异中存同。正是这种"虽似不似"的特点，造成了日本学习者在汉语学习中的某些障碍。笔者认为，学习者习得第二语言的过程正是克服这些障碍的过程，因为这些障碍恰恰揭示了学习者的困难所在，暴露了学习者认知中的"难点"。

例如，教学中发现，日本学习者常常会出现这样的搭配偏误："教电话号码""看梦""做手续"等，第4章典型搭配的产出性测试中也发现了"喝药""用车""建基础"等偏误搭配。究其原因，表面上是学习者对相关词汇的搭配形式不了解，学到的汉语词汇知识还不能熟练运用，但究其根源，当学习者对二语知识还没能达到应用自如程度阶段，那么他们的母语词汇和语法知识就会影响二语的运用。上述偏误，就是学习者在无意识的状态下把日语搭配逐词对译成汉语搭配而产生的。

因此，教师在教学中应发挥引导作用，让日本学习者学会有意识地对比中日词语搭配，发现两者的异同，从而实现搭配的正确记忆和准确运用。

（2）学习者要具有心理语言类型意识。Kellerman（1977）提出了"心理类型学"（psychotypology），认为心理语言类型的概念是一种主观心理感受，存在于学习者的潜意识中。Kellerman（1977，1978，1979）通过多方面研究，针对二语学习者对目标语不同结构的感受进行了集中考查，并分析了这种感受与母语迁移的关联性。其研究证实了二语学习者的这种感受会受某些母语结构迁移的影响。Ellis（1994）以促使语言迁移发生的多种影响因素为对象进行了研究，分析心理语言学类型与语言距离对二语习得过程的影响，其内容值得深思。Ellis指出，可以把语言距离当作一种语言现象，即两种语言间的实际差异程度；也可以把其当作一种心理语言现象，即学习者感受到的目标语与母语之间的差异程度。

结构主义学派的代表人物Lado认为，如果母语和目标语的特征在结构上有一定相似之处的话，目标语较容易掌握，反之则很难掌握。Kellerman（1979）却提出了不同意见，他通过研究发现，仅通过结构上的对比分析是无法完全精准地判断出二语学习的难易度的，迁移产生的关键影响因素不是表层结构是否相似，而是学习者的心理语言类型——对母语和目标语之间语言距离的心理感受。学习者感到的语言距离可以通过心理类型反映出来，该距离并非与语言的实际距离完全一致，但在一定程度上能与心理语言标记共同作用，影响迁移。

因此，学习者应树立正确的心理语言类型意识，而教师应多向日本学习者展示中日两种语言的差异，培养学习者的心理语言类型意识，减少母语负迁移。

（3）培养学习者动宾搭配的差异意识，善于区别日汉对等词。有人对外语学习的认识很片面，误以为在外语和母语两种不同的语言符号系统之间建立一种对应就是外语学习，但是仅凭"对等词"进行学习显然是不够的，因其只是有差异的对等，是一种片面的学习。

词汇是学习者在使用二语交际时最基本的意义单位，因此在初、中级阶段，词汇积累显得尤为重要。有些学习者错误地认为，二语词汇是母语概念的另一种说法。尽管他们凭直觉能够发现二语的语音、句法、形态等方面与母语存在差异，可学习者仍然觉得二语的词汇所代表的意思和其所了解的世界并没有什么不同（Ijaz，1986）。也就是说，学习者最初总是认为在母语和二语词汇之间存在一一对应的语义对等词。

本书第4章对日语对汉语动宾搭配中动词选择的干扰进行了考查，发现日本学习者母语的语义迁移是动词选择困难的主要原因。多表现为学习者主观认定日汉两种语言具有同义性，即学习者假定日语中某个词存在汉语对应词，而且两个词概念、意思完全相同。因此，学习者找到的对应词语可能是"假对应词语"，两个词的指称意义、言内意义或语用意义看似相符，实则相异。例如，第4章实验发现，学习者倾向于使用汉语的一个个单词去套用日语的搭配规则和搭配习惯，而忽视了两种语言的语用差异。由于对搭配成分之间的语义关系和惯用限制很难做出准确区分，便产出了如下偏误搭配或偏误句："赢困难、收集条件、用车上班"等。

第3章对8本日本本土初级汉语教材的调查中发现，教材中的生词表大部分使用日语的对等词来解释汉语，学习者大多借助日语翻译来学习汉语词汇，通过这样的学习构建起的心理词库（mental lexicon）中，汉语词汇和对译词概念之间的衔接不足。如果对等词之间的区别很大，比如"隐藏"用「隐す」释义、"筹备"用「準備する」释义，那么词汇表的学习就无法使学习者掌握"隐藏""筹备"的正确搭配，会发生"隐藏眼镜""筹备晚饭"等错误搭配（李佳，2016）。对于一些对等词，如「赤」

和"红色"，仅凭生词表的日语翻译是不能发现二者的区别的，但二者具有的联想意义却各不相同。所以将「赤」等同于"红色"是有片面性的。这些词汇只有让学习者大量接触其语境和有关搭配才能被完全理解。

在解释词汇迁移时，Ijaz（1986）指出，"二语习得与母语习得是不同的，它需要把两种词汇体系和概念体系对应并区分；两种语言中虽然很多单词在意义上大致相同，但几乎没有几组单词在所有功能上完全相同"。在有些情况下，与日语词汇相比，汉语词汇所表达的语义范围更狭窄，也更依赖语境（汝利娜，2011）。因此，学习者借助日语语义掌握汉语词汇时，应该着重区分汉语与日语对等词之间的共享概念和各自独特的概念，这类词汇的学习应讲解汉语与日语对等词之间的区别，并说明使用语境的不同。只有这样才能准确地理解汉语词汇，有效避免日语对等词的干扰，更为准确地输出搭配。教师可以通过典型动宾搭配的中日对比进行教学，因为这些出现频次高、覆盖面广的典型动宾搭配在日常会话中常常使用，可以更好地培养初级学习者的动宾搭配差异意识。学习者也应在学习中不拘于课本提供的单词表翻译，学会利用字典、词典、语料库等学习工具，从而准确地掌握汉语的词汇概念和语用特点。只有把各种词汇知识高度融合，并且使之达到完整和健全的状态，才能真正实现汉语词汇与共享概念联系的加强和发展，学习者使用汉语时才能做到快速的激活和准确的提取。

（4）充分利用日汉词语搭配共性的正迁移效应。世界各民族语言之间，存在民族差异性，也存有共性。日汉语言的共性，无疑对日本学习者的汉语习得有帮助，如汉语的基本结构单位是字，而日语中有很多汉字就包含其中。Ellis（1994）认为，自然语言虽数量众多，但所有语言都存在共通的"核心"原则，并列举出了16种原则，例如表意功能、创造性、抽象性等语言共性。随着学习者对语言本质认识的不断深入，更加看到了母语在二语习得中的作用，但是对语言迁移的认识还是有一种误区，即只注重两种语言的异性，从而使学习者错误地认为在外语学习中母语是阻碍。所以，在探讨语言迁移时，不应忽视母语和目标语之间的积极作用。

理论上，学习者会利用他们已经获得的语言知识作为语言输入来创造性地完成语言构建过程（Faerch，Kasper，1987），而语言输入的一个重要根基就是他们的母语。学习者第一语言的发展伴随着其认知技能的发展，只要把母语当作一种认知因素，它就能成为二语习得的一种促进因素。许多研究者都认为如果学习者拥有较高的认知能力，那么这种能力可以促进外语习得。

总之，就二语习得而言，母语经验并不单纯是自身经验和某一特定语言的融合，而是经验和语言在宏观意义上的融合。即使母语与目标语相差甚远，这种经验也大有益处。所以说，在学习外语时不能把目标语和母语予以隔绝。根据 Ringbom（1987）的观点，从心理学角度讲，"先觉察到的是相似性，而不是差异性"。因此，教师在日汉语教学中，应注重平衡语际共性和差异性，突出语际词汇共性，从而增强学习者的学习信心和积极性。

▣ 6.2　动宾搭配产出性知识习得水平低于接受性知识习得水平

6.2.1　原因分析

第一，从语言输入的角度来看，学习者接触新词或新义机会不充分。学习环境的不足是产出性知识习得水平低于接受性的重要因素。学习环境直接影响词汇知识的获得及其运用能力，但在日汉语教学的课堂上，汉语输入不仅数量有限，而且句型较单一。一部分学习者一个学期甚至一学年的教材只有一本，进行课外阅读的积极性也欠佳，造成汉语真实性语料输入量严重不足，因此学习者获取的语音、词义和用法等方面的信息大多缺乏真实感，不足以构成丰富的词汇网络，导致词语搭配知识欠缺。在接受性的输入数量不足的情况下，产出性的语言输出将难上加难。因此，搭配的产出性习得知识明显低于接受性习得知识。

第二，在某种程度上，由以接受性题型为主的考试所致。在日本各类的汉语考试中，对词汇尤其是接受性词汇的测试比较注重，而大多是客观选择题和判断题等易批改的接受性题型，但对词汇知识的不同层面却涉及很少，致使学习者搭配产出能力比较薄弱。还有，在课上对二语词汇能力的评估，也主要体现在对离散知识的检测上，很少关注学习者运用词汇知识的思维能力、整合能力和交流能力。

第三，单一的词汇习得策略。很多学习者受传统外语学习的影响，采取词汇学习方法有的是死记硬背词汇表，有的只是查词典，而不讲究语境信息等策略。学习者满足于将汉语词汇和该词的日语意思进行简单匹配，仅了解词汇的形式特征和意义，不去了解其他方面的知识，这样习得的词汇知识是片面的，尤其在会话和写作时无法实现词汇的准确运用，这也是造成产出性知识习得水平低下的原因之一。

6.2.2 教学对策

（1）采用典型搭配形式作为最佳的词汇输入方式。充足、真实、有效的语料输入，可以减少初级错误，也可提高中介语质量。作为教师要让学习者知道词语搭配在口语和书面语篇中都大量存在，词汇学习时应以典型搭配作为输入方式，提高词语搭配的习得意识；同时要善于借用词语搭配教学引导他们有日汉语言差异的概念，同时警惕母语干扰，使他们尽快地形成汉语的语言认知系统，以此来巩固学过的搭配，还应多接触新的搭配形式，预防词语搭配石化现象（Fossilization）①的产生。

（2）加强文化的输入。各国的文化习俗差异，均体现在语言中。虽然是同一表达，但在不同语言中却有不同内涵意义。汉语词汇的文化内涵，有着中国历史背景、文化传统，以及宗教信仰、生产生活方式等诸多因素。要建立双语词汇结构，不仅需要掌握词的外延，还要了解词的内涵。教师在教授词汇时，应多采取日汉文化对比措施，对重要词汇的文化背景要做详细的介绍与解释，从中找出语言的特性与共性，以减少母语迁移的发生，不断提升他们产出性知识水平。

（3）结合语境的词汇习得。对特定文化概念的语义，极有必要采用语境法，也就是通过词所处的语言环境，让学习者自己领悟词的含义。以往是根据生词表或词汇卡片来学习新词，这快捷简单的方法只能记住二语词形和母语翻译对等词，虽然对初学者有效，但没能让学习者真正

---

①语言石化现象指在二语学习者的学习过程中，无论是广度上还是深度上，经过一段时间的发展后，会出现迟缓甚至发展停滞的状况。（Jullian，2000）

掌握。教师要在语境中让词汇真实含义得以显性地渗透，并强调翻译对等词和汉语在使用时的区别与关联，注重日汉两种语言的对比学习。

另外，教师对上下文语境的选择也要有所讲究，要注意其难易度，内容易懂的上下文，便于学习者对词义的理解。税莲（2007）认为，语境能够有效地提高记忆效果，比起死记硬背生词表，更能促进词汇的有效习得；相反，生词量多、语法结构复杂的语境，会阻碍词汇记忆。由此可见，学习者要明确学习词汇要避免简单地背诵词汇表，要弄清词汇以哪些典型搭配形式出现，同时要找出在不同情境里的规律性组合。

■ 6.3 一般词汇量与动宾搭配知识的增加及拓展不共时

6.3.1 原因分析

Henriksen（1999）把联想反应类型分为形式相关与语义相关两大类，然后在语义相关下又分为横组合（syntagmatic）、纵聚合（paradigmatic）和规化三类。

依据该分类，横组合指具有搭配关系的词间连接，如"喝咖啡""看电影""美丽的女人"等；纵聚合指词间的层级关系，如同义、反义、上下义等，如"红—赤""黑—白""上司—部下"。规化则是指对同一刺激词做出的同一反应，如"晚上—黑色"和"手—手指"。由于人类对周围世界的体验具有相似性，因此任何语言基本的纵向概念网络结构都具有一定的相似性。在建构二语纵向网络时，学习者只需知道单词的基本意思，就可将其直接迁移到母语的纵向概念网络中；而横向网络的构建则不同，词之间的搭配产生了词义上的互动，这种互动又促使新概念的产生。因此，词语搭配使用的发展与词汇量的增加或词义的拓展并不平衡——对于二语学习者来说，横组合的网络构建速度比纵聚合要慢得多。

从分类中可以看出，本书中所探讨的词语搭配，归属于横组合。从横组合反应的强度可以分析出被试词语搭配的习得情况，而纵聚合反应从某种意义上可以分析出被试词汇量的大小（Wolter，2011）。基于认知心理学的研究如此描述横组合和纵聚合的关系：张萍（2010）对美国学生的母语（英语）与中、高级语言水平的中国英语学习者的二语（英语）词汇联想反应的研究中发现，二语学习者随着语言水平的提高，横组合知识网络的构建要远远落后于纵聚合知识网络的构建。在相关实验的文献中也均证实了横组合知识发展较慢，纵聚合知识增加幅度高于横组合的这一现象（Bahns Eldaw，1993；Gitsaki，1999）。下面从认知心理学的角度解读这种习得现象。

第一，二语学习者词汇的横组合与纵聚合发展不均衡。在探讨二语学习者词汇横组合与纵聚合发展不均衡现象时，Wolter（2011）提出了二语习得不同于母语习得一个重要的特征——学习者在学习第二语言之前一整套复杂、系统的词汇概念体系已然存在于大脑之中了。二语词汇网络建构过程中，该概念体系充当预留空间（placeholder）的作用，学习者把学到的二语词汇填充进这个网络。如果现存的母语词汇概念网络体系等同或相似于二语的概念体系时，借助母语建构的二语概念体系属于母语概念体系的正迁移，比较容易习得。但有些情况下，母语词汇概念网络会误导二语的词汇网络建构，这便是负迁移，这时就需要学习者有意识地重构词汇概念网络，把二语当中不同于母语的部分引入并融合，从而达到语言的本族语化。

纵聚合则不需要词汇网络重构，因为这些词虽然存在纵向联系，却不会彼此互动、衍生新的语义概念，也就是说，学习者只需知道这个单词的基本意思，便可成功地建构起纵向网络。二语学习者只要把学到的二语词语直接迁移到母语的纵向概念网络中即可。

在横向网络联系中，因为词与词的搭配会发生词义上的关联，从而产生新的、词汇搭配适当时才能产生的语义概念。由此可见，当母语中的词汇搭配知识不够充分，无法正确地激活二语的搭配词时，大脑就会重新构建出一个词汇网络结构或对词汇网络进行重构以便融入正确的搭配词。Lewis（2000）曾举例，尽管日本英语学习者知道 small 这个单词①，但在表达房间狭窄时，依然会使用偏误表达 narrow room，而不说 small room。这是由于学习者母语的词汇网络结构对他们的输出造成了影响。

---

① 「狭い」的英语对译词是 narrow。

因此，学习者在词语之间建立横向联系的过程要比建立纵向联系的过程困难得多。这也就解释了本书第4章的实验结果：一方面，虽然中级被试的一般词汇量大于初级被试，但与产出性习得测试相比，接受性测试中两组被试的成绩差别并不大，一部分搭配的正确率呈现出相近情况（或都低或都高）；另一方面，学习者尽管处于中级阶段，但产出的中级动宾搭配正确率较低，在横组合方面与本族语者依然存在不同。Lewis（2000）的研究对该现象就已做解释：单词的搭配知识并不是单纯地从搭配中单个单词的意思中就能获得，与单个词汇的学习难度相比，二语词语搭配学习的任务难度更大。

第二，二语心理词库的构建本质有别于母语心理词库。Jiang（2000）把二语心理词汇的发展分为：词形阶段（formal stage）、母语媒介阶段（L1，mediation stage）及二语融合阶段（L2，integration stage），主要针对二语词汇的表征和发展的特点如何影响词汇搭配习得进行了研究（如图6-1所示）。Jiang认为，母语系统是导致二语心理词库的构建区别于母语心理词库的本质原因。由于二语词汇各方面能力的习得基本上都是以母语语义为媒介，因此词形阶段和母语媒介阶段存在相似。而学习者对二语词汇能力的自动运用主要表现在第三阶段，也就是二语融合阶段，该阶段不仅是二语习得的最高阶段，还是区分母语和二语词汇概念意义的阶段。Jiang文中的第三阶段的标准是指能够自动、地道、准确地产出词语搭配。

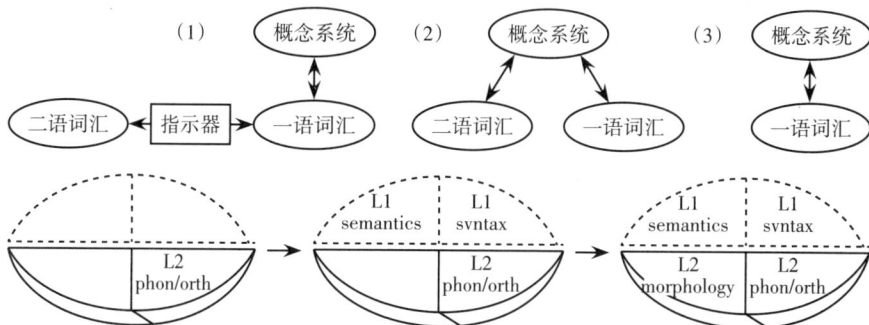

图6-1　二语心理词汇的发展路径图（Jiang，2000）

Jiang（2000）认为，仅限于课堂环境下的词语习得，加之母语系统的影响和目的语语境的欠缺，大多数人一般停留在第二阶段而无法到达第三阶段。Henriksen（1999）把语义网络（semantic network）的建立作为单词习得三阶段中的最终阶段。在这个阶段中，学习者要通过建立网络的方法来重新整理或改变词汇的存储方式。其中包括词汇网络体系中横向联系的建立和纵向聚合的建立。因此我们可以说，该语义网络建立（重构）过程中的一个重要而艰难的任务，便是词汇的横向联系。

从上述研究可见，母语系统的的作用是很强大的，使二语学习者很快地习得纵向联系词类，也就是词的近义、反义、上下级词汇，但词汇横向联系发展受到一定的阻碍，究其主要原因是涉及词汇概念网络的重构。Jiang（2000）也指出，"有母语系统的影响，词汇概念网络的重构是很艰难的"。由此更为明确日本学习者运用汉语搭配困难是其头脑中认知机制，也就是其受现存语义系统的影响。

6.3.2　教学对策

当学习者的词语搭配能力达到一定水平后停滞不前，这时如果教学双方不采取行之有效的方法，学习者的二语水平将会长时间处于平台期。那么，如何让日本学习者有效地习得动宾搭配、使一般词汇量与词语搭配知识平衡发展呢？可以在以下几个方面进行尝试。

（1）进一步激发学习者的学习动机，了解不同交际语境对词语搭配的不同要求。如果学习者认为自己的搭配知识基本可以满足交际要求，他们学习欲望就会降低，词语搭配能力也会因此而停滞不前；相反，当学习者感到已有的搭配知识无法完全满足交际要求时，学习的积极性就会变大，他们会有意识或无意识地利用各种学习机会继续发展并深化词语搭配能力。

Jiang（2000）认为课堂环境对二语词汇习得的不利因素是，二语学习者在大脑中已经建立了一个与其母语词汇系统相关密切的概念系统，该系统会把已有的概念或语义信息自动激活，并通过翻译的方式来理解二语词汇。但是，其负面作用也十分突出，学习者可能会不认真分析语境提示的信息而直接利用语言加工机制、习得机制而自发翻译理解词汇，从而导致忽略部分词汇信息。在第4章日本学习者产出性搭配习得测试中，学习者出现了这样的误用："升高标准"。其实这句话中的"升高"

是"提高"的误用。受已有概念系统和母语词汇系统的影响，许多学习者对汉语词汇中的"升高"和"提高"只有语音和汉字方面的知识，而没有掌握不同语境下的语义信息。由于两个单词在汉语中的对等词都可以是「高まる」，因此学习者误以为两个词完全对等，出现了误用的情况。但是，对汉语母语者来说，"升高"多指"地位、等级、价格、程度"等，而"提高"则多指"能力、水平、数量、品质"等[1]。学习词汇时，如果仅依赖对等词，而不仔细分析中日对等词之间语义、搭配等方面的差异，必然会造成搭配偏误的产生。因此我们认为掌握了该词语的搭配、尤其是典型搭配及其适用的语境，对更好地了解该词语会有所帮助。

（2）丰富和深化二语词汇知识，建立词汇的纵聚合和横组合关系。搭配由各个不同的词汇组合而成，因此词语搭配习得与词汇习得关系密切、息息相关。Henriksen（1999）把词汇习得分成3个阶段：① 贴标签（labeling），即学习者在大脑里构建概念、语符和所指之间的关系；② 打包（packaging），即学习者注意、发现一词多义和多词一义的过程；③ 建立网络。他把建立网络的复杂过程作为词汇习得的最终阶段，将之称其为"语义化过程"（semantization process），其中重要环节之一就是建立词汇概念网络。学习者在该阶段通过构建网络对词汇的储存方式进行统合或整改。

随着日本学习者汉语水平的提高和知识的深化，学习者在大脑中逐渐构建出各词汇之间以及一个词汇各义项之间的概念网络，新单词在该网络中能激活的节点也就随之增多，所以在众多节点的帮助下，新单词便能顺利地被加入概念网络中，从而形成神经网络来辅助学习者完成知识加工。根据 Aitchison（1994），为了更准确更快速地提取搭配词，学习者要建立网络中可搭配词语之间的"强度连接"（intensional links）。学习者要学会对所学的搭配及其成分进行深度分析和加工，以便把处理后的信息保留在长时记忆中。此外，学习者还应该间隔一定时间后再次拆分、重组习得的词语，以便把词汇网络系统进一步完善。学习者不应该止步在对词的形式、特征及意思的了解，还应该多方面、立体式地掌握词汇

---

[1] "升高"和"提高"的区别参考现代汉语规范词典（2014）。

知识，如上述的词汇纵聚合和横组合关系等。

总之，学习者不仅应当扩大词汇量，而且应该有意识地建立可搭配词汇之间的关系网络，不断建立新的聚合和组合关系，使之达到"触及一点，可激活一片"的效果。由此，搭配词的提取和产出可会更为准确和快捷，随之词语搭配的运用能力也会得到提高。

（3）概念网络应构建于词汇之间和一个词汇的不同义项之间。概念网络的建立并不仅限于不同的词汇之间，也存在于同一词汇的不同义项之间。为了提高词汇能力，提高词语搭配的准确度，学习者除了在不同词汇之间建立概念网络，还应当在多义词的不同义项之间建立概念网络，只有这样，构建的词汇网络不仅存在于词汇之间，还存在于词汇内部各义项之间，从而使词汇知识实现融会贯通。初级学习者词汇习得的主要任务通常为扩大词汇广度，即词汇量；而对于中级水平的学习者来说，如果想提高词语搭配表达的多样性和丰富性，除了增加词汇量，还应该扩展词汇的深度知识。日本汉语学习者与汉语母语者词汇运用能力的差别不仅体现在词汇的数量上，更体现在词汇的深度、广度和质量上。这是由于学习者的词汇知识网络没有母语者那样完善、全面。在日常交际中，汉语母语者使用的低频词和难易度较高的词数量并不多，但基本词汇的表达比日本汉语学习者丰富、准确得多，其关键原因是其常见多义词使用的灵活性及质量优于日本学习者。由此可见，在学习者大脑中建立常见多义词各义项之间的概念网络，系统地掌握各个义项及各义项的典型搭配，将会有效地提高日本学习者的表达水平。

在日汉语教学中，首先对学习者应进行大量、有效的语言输入，让学习者在多样的语境中接触常见多义词的多个义项，依据语境去理解各义项的意义、用法以及义项间的派生关系（隐喻、换喻等），然后整理归类各义项及其关联，构建这些义项的语义网络；其次还要注意常见多义词的搭配用法，通过系统地接触和整理之后，学习者不仅可以在已有词汇知识的基础上补充新的意义和搭配，更重要的是还可以使这些词汇知识更深化、更全面、更系统，从而建立完善的语义网络，使得相关搭配知识的激活和提取更加快捷，达到自动化的程度。

（4）重视学习者词汇能力的阶段性特征以及超用、少用问题。二语词汇知识习得方面的研究表明，词汇和词义的发展方式都具有阶段性，学习者水平的差异会造成习得的复杂性和不一致性。井狩（2009）研究发现，日本学习者高中二年级到大学一年级是二语词义发展的显著时期，之后将逐渐趋于平缓。基于这一特征，学习者应当在高中和大学低年级阶段实现词义的"高速"发展，在增加词汇量的同时，着重提高产出性词汇能力，尽可能实现两种词汇能力的均等和平衡。在本书第4章的产出性搭配习得测试中我们发现，词汇的超用（overuse）和少用（underuse）是一个日本汉语学习者习得中较常见的问题。超用是指学习者对一个词的使用频率显著高于母语者的正常使用频率；少用是指学习者对一个词的使用频率显著低于母语者的正常使用频率（井狩，2009）。在汉语中，同一个概念或意义往往可以使用不同的词汇来表达，但第4章实验结果发现，在表达相同或相近意思、内容时，日本学习者和汉语母语者选择的词汇往往不同，学习者倾向于过度使用熟悉的、具有概括意义的常用词，而较少使用搭配条件较严格、可表达具体意义的词汇。例如"条件都有了（条件が揃っている），正确为：具备条件""用新方法（新しい方法を取り入れる），正确为：采用新方法"等。这在一定程度上说明两个问题，其一，学习者产出性词汇量不够、搭配知识不充分；其二，学习者用词的准确性存在缺陷。此外，在第3章的研究中，发现日本本土初级教材中收录的常见搭配与汉语母语者的典型搭配存在一定差异。基于此点，教师在课堂中更应该充分发挥作用，通过自身的学习和收集，及时为学习者补充典型搭配，教授词汇时也应尽可能地以该词汇的典型搭配形式进行输入。对于中级以上的学习者来说，在掌握了汉语的基本语法结构之后，其重要任务就是扩大词汇量并深化词汇知识，从而提高词汇的丰富性和词语搭配运用的准确性。

（5）开设旨在提高日本学习者汉语词语搭配能力的专门讲座。学习者词语搭配知识的习得是一个渐进的过程。笔者认为，在大学阶段可以以提高词语搭配运用能力为主旨开设具有系统性的课程。一方面因为，词语搭配能力需要在实际语言运用的过程中逐步培养；另一方面，在日汉语教学环境下的系统训练将弥补语言环境的缺陷。很多人认为词语搭配习得是伴随性的，课堂上只要设置培养听、说、读、写等技能的课程就可以自然习得，这种观点存在一定的片面性。没有专门的讲解与训练，学习者学到的词语搭配知识往往是分散的。经过专门的讲解，可以帮助学习者建立起汉语词汇概念网络，使词汇知识在广度和深度上达到平衡，便于搭配知识的迅速提取和准确运用。

6.4 本章小结

词语搭配的表达，可对学习者语言理解和表达时的心理压力有一定的缓解。认知心理语言学与词语搭配教学在课堂上的有机融合，能够使教师采取更有效的教学行为，准确把握学习者在习得过程中的心理活动和心理特征，使二语教学实现高效教学模式、获取显著教学成果。在日汉语教学过程中，教师要把学习者这一认知主体作为着眼点和落脚点，针对日本学习者的汉语能力，有的放矢地深入解释已知词汇，帮助学习者理解并产出潜在词汇，增加词汇节点进而形成完善的词汇概念网络，以科学的教学方法提高词语搭配的教学质量和学习者的学习效率。

第7章 总结和展望

■ 7.1 本书的总结

本章在对全书进行总结的基础上，阐述了对在日汉语教学的启示、意义以及今后的研究课题。

全书主要围绕以下四个研究课题进行了探讨。

（1）日本本土初级教材中的高频动宾搭配有哪些，在汉语母语者的语料库中以这些高频搭配的名词为节点词的动宾搭配有哪些，两者存在哪些区别。

（2）以初级、中级学习者为对象的典型动宾搭配的产出性习得和接受性习得存在怎样的差别，学习者会出现哪些偏误，引发这些偏误的原因是什么。

（3）动宾搭配离析形式是日本学习者搭配习得的难点之一、其中以动宾式离合词的离析形式的习得难度最高。在其产出性习得和接受性习得中，日本学习者会出现哪些偏误，产生这些偏误的原因有哪些。

（4）从认知心理学的角度分析影响因素是怎样作用于在日动宾搭配习得的，在教学方面应采取哪些对策。

7.1.1 日本初级汉语教材中的典型动宾搭配考查（第3章）

第3章基于日本本土初级汉语教材，以词语搭配统计指标中的共现频次为依据，以"日本汉语初级阶段学习指导大纲 学习词汇表"中的名词为节点词，主要探讨了日本本土初级教材中的常见动宾搭配有哪些，并通过考查语料库中的词语搭配统计指标，对比分析了8本日本本土初级汉语教材中和TORCH2009语料库中同节点词的高频动宾搭配有何差异，阐述了日本本土教材中动宾搭配的收录情况并提出了存在的问题点。总体可以归纳为以下三点：

　　① 教材中典型动宾搭配数量收录不充分；

　　② 语料库中的低频率搭配在教材中有所提及；

　　③ 培养"读"、"写"技能的设计内容有待充实。

　　虽然本书考查的8本教材在一定程度上反映出教材中新单词的数量和覆盖率，符合"日本汉语初级教学指导大纲 学习词汇表"对汉语专业一年级学习者的学习要求，但是在典型动宾搭配的收录方面不充分，一部分使用的是对话题，属于具有一定依赖性的非典型搭配。造成该问题出现的原因，一方面是因为目前的在日汉语教育没有充分注意词语搭配教学的重要性，教材中收录的典型搭配数量不平衡、重复频次低；另一方面是因为以往教师多以自己的经验和语感为基础来编写教材，尽管教材内容具有一定的真实性和情景性，却没有充分考虑到母语者词语搭配的实际使用情况。

　　因此，在编写教学大纲和教材时，应活用大规模汉语语料库考查典型搭配的使用情况，以此来弥补目前教材选词片面、典型搭配不足等问题；优先收录那些不依赖话题、可广泛使用的典型动宾搭配；新词语的搭配应尽量使用典型搭配方式来提示和说明。在教学方面，教师应该在课堂上精讲多练，把注意力更多地放在高搭配频次、高搭配强度的典型搭配上，帮助学习者扩大其习得数量，实施有效教学。

7.1.2　日本汉语学习者的典型动宾搭配习得分析（第4章）

　　第4章重点讨论了初级和中级日本汉语学习者在典型动宾搭配接受性和产出性习得上的不同。首先通过实验考查日本初级、中级学习者典型动宾搭配的接受性习得和产出性习得情况，然后分析了搭配偏误的类型和成因。其中将讨论重点着眼于被试产出的正确和偏误动宾搭配。详见表7-1。研究结果如下。

　　第一，大部分学习者随着词汇量的增加会获得更多的搭配知识，因此动宾搭配习得基本上与词汇量的习得程度成正比。但同时发现，词汇量的多少并不是决定动宾搭配习得的唯一因素。见图7-1和图7-2。

表7-1 日本学习者产出的正确搭配与错误搭配类型

正确搭配类型	预期搭配（典型搭配）
	非预期搭配+中心词
错误搭配的类型	逐词对译
	语义偏误
	语法偏误
	语用偏误
	自创动词
	答案为空

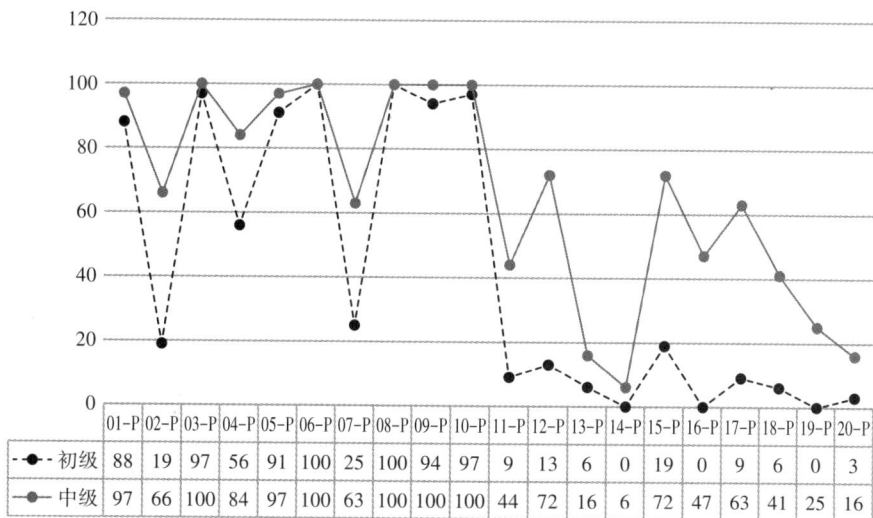

	01-P	02-P	03-P	04-P	05-P	06-P	07-P	08-P	09-P	10-P	11-P	12-P	13-P	14-P	15-P	16-P	17-P	18-P	19-P	20-P
初级	88	19	97	56	91	100	25	100	94	97	9	13	6	0	19	0	9	6	0	3
中级	97	66	100	84	97	100	63	100	100	100	44	72	16	6	72	47	63	41	25	16

图7-1 初级与中级答题正确数量百分比（产出性测试）

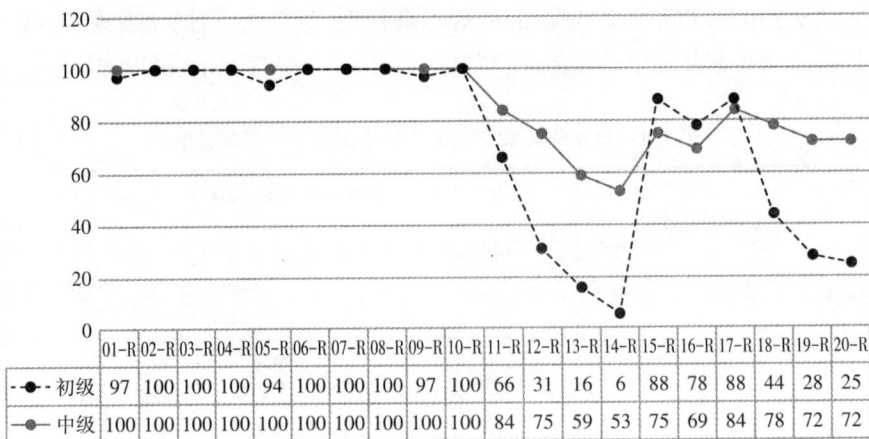

	01-R	02-R	03-R	04-R	05-R	06-R	07-R	08-R	09-R	10-R	11-R	12-R	13-R	14-R	15-R	16-R	17-R	18-R	19-R	20-R
初级	97	100	100	100	94	100	100	100	97	100	66	31	16	6	88	78	88	44	28	25
中级	100	100	100	100	100	100	100	100	100	100	84	75	59	53	75	69	84	78	72	72

图7-2 初级与中级答题正确数量百分比（接受性测试）

第二，大部分搭配的接受性测试成绩越好，产出性测试的成绩就越好。但一部分搭配的接受性测试成绩与产出性测试成绩并不成正比。详见图7-3。

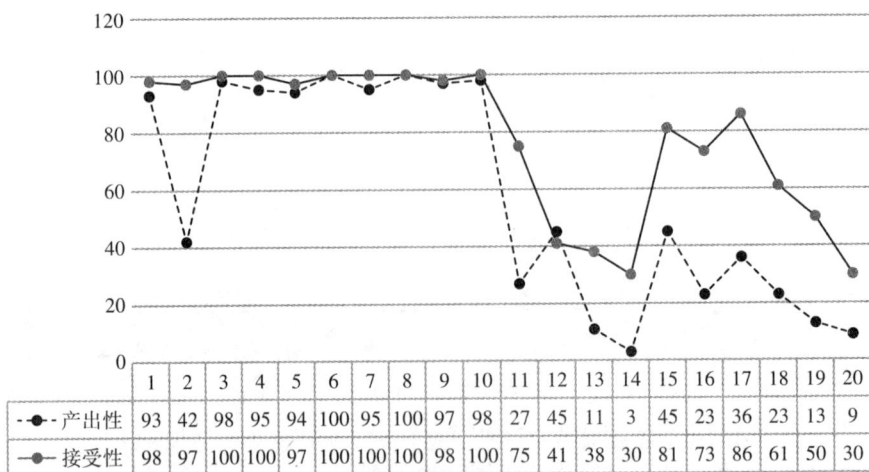

	1	2	3	4	5	6	7	8	9	10	11	12	13	14	15	16	17	18	19	20
产出性	93	42	98	95	94	100	95	100	97	98	27	45	11	3	45	23	36	23	13	9
接受性	98	97	100	100	97	100	100	100	98	100	75	41	38	30	81	73	86	61	50	30

图7-3 接受性习得和产出性习得的答题正确数量百分比

第三，探讨了影响动宾搭配习得的3组、6个影响因素，分别为："日汉有相同语素/日汉无相同语素""动词是基本义/动词非基本义""动宾是离析形式/动宾非离析形式"。研究结果发现，在产出性知识习得方面，"日汉有/无相同语素""动宾是/非离析形式"会影响日本初级汉语学习者动宾搭配的产出性知识的习得;"动词是/非基本义""动宾是/非离析形式"会影响日本中级汉语学习者动宾搭配的产出性知识的习得。在接受性知识习得方面,初级组和中级组结果相同,"日汉有/无相同语素"对于动宾搭配的接受性知识的习得具有影响,其余两组因素不具备影响。详见表7-2。

表7-2 动宾搭配产出性和接受性知识习得影响因素一览表

习得类型	水平级别	影响因素	非影响因素
产出性习得	初级组	日汉有/无有相同语素 ($U = 234.76$,$p < 0.05$) 动宾是/非离析形式 ($U = 363.00$,$p < 0.05$)	动词是/非基本义 ($U = 152.49$,$p = 0.693$)
	中级组	动词是/非基本义 ($U = 143.50$,$p < 0.01$) 动宾是/非离析形式 ($U = 228.50$,$p < 0.01$)	日汉有/无有相同语素 ($U = 314.81$,$p = 0.434$)
接受性习得	初级组	日汉有/无有相同语素 ($U = 271.72$,$p < 0.05$) 动词是/非基本义 ($U = 334.92$,$p < 0.01$)	动宾是/非离析形式 ($U = 134.23$,$p = 0.990$)
	中级组	日汉有/无有相同语素 ($U = 380.50$,$p < 0.01$) 动词是/非基本义 ($U = 388.00$,$p < 0.01$)	动宾是/非离析形式 ($U = 281.41$,$p = 0.672$)

7.1.3 初级学习者动宾搭配离析形式的习得分析 (第5章)

第5章重点讨论第4章遗留问题——日本初级学习者在动宾搭配离析形式习得上的难点,并将视点对焦于与其离析形式相似且习得难易度略高的动宾式离合词的离析形式。在对日本本土初级教材分析的基础上,通过接受性和产出性测试来探讨初级学习者在动宾式离合词离析形式方面的习得情况和偏误特点,对其偏误类型、原因进行分析,并提出了相应的教学建议。通过结果我们发现,日本学习者的接受性习得好于产出性习得，偏误类型主要表现为动宾式离合词带动态助词"了""着""过"的偏误、带补语的偏误、带宾语的偏误、带定语的偏误以及其他偏误。从总体上看，产出性测试中将离合词作为一般动词比接受性习得更明显，同时出现了离合词分离的过度泛化现象。造成这些偏误的原因主要有四点，见表7-3。

表7-3 动宾式离合词离析形式产生偏误的原因及分析

原因	分析
母语负迁移	初级阶段的日本学习者在言语交际中遇到离合词离析形式的问题时，他们会发生日语对汉语使用的迁移，主要表现为以日语语法为依据，按照日语与汉语语法上简单的对应关系进行对译，从而出现偏误
离析形式的输入和输出频率不足	初级教材中离合词离析形式的例句数量较少，离析形式种类也较单一。关于离合词离析形式的练习也不多见
过度泛化	学习者在学习过一些离合词后，会出现凭借自己对离合词的片面理解而过度类推的现象，在不该用离合词的地方用了离合词，或在不该分开使用的时候，在离合词中间插入了其他成分
教学因素的影响	教师讲解不充分；教材编排知识点不明确；没有将离合词作为独立的语法点纳入教学体系；常用离合词离析形式的收录数量不足；缺乏课后练习来强化知识点

在教学建议方面，确定了初级离合词的重点教学范围，共计34个（见附录6），以减轻离合词的教学和学习负担；建议各种教材对离合词及离合词的拼音采取统一标记方式；在讲授动宾式离合词语法特点的同时，教师还应该将动宾式离合词的离析知识运用到动宾搭配的离析形式上去，做到"由此及彼，由彼观己"，帮助学习者更流畅、更准确地输出动宾搭配。

7.1.4 从认知心理学视角对在日汉语动宾搭配教学的思考和建议（第6章）

第6章从认知心理学视角出发，对第4章和第5章提出的重点问题进行了解读和阐述，并针对各问题提出了教学对策和建议。主要利用认知心理学理论解释了以下三个问题：

① 母语迁移对日本学习者的词语搭配习得产生哪些影响；

② 典型动宾搭配产出性知识习得水平为何低于接受性；

③ 一般词汇量为何与动宾搭配知识的拓展不共时。

通过对研究结果的分析，得出以下结论。

（1）母语迁移对日本学习者动宾搭配习得的影响主要表现在以下三方面：

① 日语文化背景影响汉语词汇的识别与记忆过程；

② 母语日语促使汉语词汇在大脑中以分解形式进行储存；

③ 日语的词语搭配规则会对汉语词语搭配习得造成负迁移。

对母语负迁移的认识与研究有助于我们理解词汇习得的真正内涵，弄清第二语言词汇习得的规律性，构建科学的、完整的第二语言习得研究理论体系，可以为在日汉语教学与科研服务。

（2）产出性搭配习得水平低于接受性搭配习得水平的原因主要有以下三点：

① 从语言输入的角度来说，学习者接触新词或新义的机会少；

② 在某种程度上，由以接受性题型为主的考试所致；

③ 单一的词汇习得策略。

（3）一般词汇量与动宾搭配知识的拓展不共时的原因有以下两点：

① 二语学习者词汇的横组合和纵聚合关系发展不均衡；

② 二语心理词库的构建本质有别于母语心理词库。

7.2　对在日汉语教学的启示

本研究的选题缘起，是期望通过对日本本土初级教材的考查以及对初、中级学习者典型动宾搭配习得情况及其影响因素的分析，对在日汉语教学中的动宾搭配教学提出建设性的意见和建议。根据研究结果，对今后的教学指导提出了以下几点建议。

（1）提高初级汉语教材中典型动宾搭配收录比率。在编纂教材方面，应活用大规模汉语语料库考查母语者词语搭配实际使用情况，以此来弥补目前教材选词片面、典型搭配不足等问题。同时，优先收录那些不依赖话题、可广泛使用的典型动宾搭配，对于新词语的搭配尽量使用典型搭配方式进行提示和说明。

（2）对比日汉两种语言的异同，培养学习者的差异意识。中日两种语言虽各有其个性，但因为同处于汉字文化圈，同中有异，异中存同，正是这种"虽似不似"的特点，造成了日本学习者汉语学习中的某些障碍，这种障碍恰恰揭示了学习者的困难所在，克服这种障碍，就会促进汉语习得的发展。日语对汉语动宾搭配习得的干扰主要涉及词汇的选择，而词汇选择的主要困难则来自日语的语义迁移。这种语义迁移主要体现在学习者对两种语言假定的同义性上，即学习者认为汉语中的某个词项与日语对应词的释义内涵完全相同。第4章的产出性测试中我们也发现日本学习者出现了"喝药"、"用车"、"建基础"等偏误搭配。以上偏误搭配均是因学习者无意识地把日语中的搭配对译成汉语而造成的。表面上看是学习者不了解词汇的搭配形式，但深层次的原因却是学习者的母语词汇与句法知识对二语应用产生的影响。因此，今后在教学指导中，教师应考虑到两种语言的文化差异，通过语境显性地渗透词汇的真实含义，发挥引导作用，让日本学习者学会主动对比日汉词语搭配来发现两者的不同或联系，加强日汉两种语言的对比学习。

（3）充分利用日汉词语搭配共性的正迁移效应。在学习外语时不应该也不能把目标语和母语隔绝开。学习者第一语言的发展伴随着其认知技能的发展，只要把母语当作一种认知因素，它就能成为二语习得的一种促进因素。根据Ringbom（1987）的观点，从心理学角度讲"先觉察到的是相似性，而不是差异性"、语际词汇相似性在二语词汇习得中具有正面作用。因此，在日汉语教学中，教师采用的教学方法应该平衡对语际共性和差异性的讲解，强调语言学习中被广泛应用的语际词汇共性，增强学习者的学习信心和学习动机。

（4）采用典型搭配形式作为最佳的词汇输入方式。教师应帮助学习者形成典型搭配的习得意识：典型搭配大量存在于口语和书面语篇中，词汇学习时应以典型搭配作为单位来学习。教师要善于借用搭配帮助学习者树立起日汉语言差异的意识及防范母语干扰的警惕意识，更快建立起汉语的语言认知系统。鼓励学习者不断尝试用典型搭配表达，以此来巩固已学过的搭配，同时通过不断接受新的搭配形式来预防词语搭配石化现象的产生。在典型动宾搭配离析形式和动宾式离合词离析形式习得方面，应确定重点教学范围，加强离析形式的输入频率和强度，遵循循序渐进、从易到难的原则。

▓ 7.3　本书对在日汉语教学及研究的意义

7.3.1　理论方面

如前所述，一直以来，以日本学习者的英语习得为对象的研究居多，但以日本学习者汉语习得为对象的研究却很少，尤其是以两种水平以上的学习者为对象，通过接受性和产出性测试实验及描述性统计分析进行对比的研究则更为少见。本书将实验结果与统计分析相结合，在这发面有所突破。本书考查了 3 组、6 个因素（日汉有相同语素/日汉无相同语素、动词是基本义/动词非基本义、动宾为离析形式/动宾非离析形式）对典型动宾搭配习得的影响。实验以典型搭配为预期搭配，通过测试的形式获取了初、中级学习者动宾搭配接受性和产出性习得的数据。不仅对数据结果进行了详细对比、描述性统计分析，而且利用 SPSS 中的单因素方差分析（One-Way ANOVA）和曼–惠特尼 U 检验（Mann-Whitney U analyses）进行了验证分析，为今后的日本汉语学习者的词语搭配习得研究提供了一定的实证数据。

本书运用了认知心理学理论对词语搭配习得机制进行了释义与探讨。通过对比分析母语者的常用搭配和日本学习者产出的搭配，阐明了母语者和日本学习者在搭配知识、搭配运用能力上的异同，并分析了其中原因，为在日汉语动宾搭配教学提供了参考。本书根据认知心理学下的二语习得机制理论，分析了学习者动宾搭配的习得状况、偏误原因以及影响搭配习得的各种因素，将认知心理学的理论运用从二语词汇习得推进到了二语词语搭配习得上，为动宾搭配习得拓展了新的理论分析方向。

以上是本书对第二语言习得理论方面的贡献。

7.3.2 实践方面

本书从语料库语言学视角出发，将基于规则（rule-based）的方法和基于统计（statistic-based）的方法相结合，对日本汉语学习者动宾搭配习得进行了研究。具体分为以下三个研究方法。

一是基于语料库的考查与分析。语料库的处理和加工是本书的基本研究原则——基于语料库进行观察和统计、基于语料库进行考查和对比。本书主要利用了1087619词、1703635字的TORCH2009语料库，依据词语搭配的统计指标在该语料库抽取出典型动宾搭配用以统计分析。

二是坚持语言学和数理统计学的双重标准。本书采用规则与统计相结合的方法，文本分析主要以规则为主，典型搭配的抽取识别则以统计方法为主，并且使用了近年来主流的搭配统计指标。

到目前为止，在母语的影响验证研究中，有不少关于"学习者将L1翻译成L2时，翻译结果是否属于逐词对译"的研究。但是，这些研究一般多采取研究者"主观内省"的方法，本书认为这种方法存在主观性和片面性，很难抛开"因评定者判断不同而导致结果各异"的缺陷。本书中关于"逐词对译偏误"的判断标准，参照了李文平（2015）对日语「名詞+を+動詞」直译为"动词+名词"的定义标准，在其基础上本书将"逐词对译偏误"定义为：翻译搭配时以词为单位进行考虑，将日语句子中的动词（JV）翻译成汉语（CV）后，"CV+提示名词"会发生动宾搭配不当的情况，如图7-4和图7-5。具体判断标准和程序详见4.5.2小节。这将对在日汉语教学和中日语言比较研究提供相应的衡量依据和判断标准。

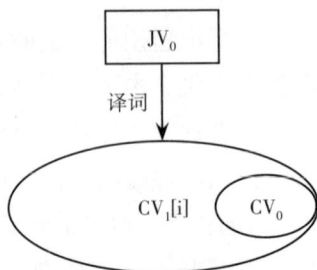

$$JV_0$$

译词

$$CV_1[i] \quad CV_0$$

图7-4　本书关于逐词对译的判断标准

築く

译词

CV$_1$[7]:
筑、构筑、修建、(建立)构成、形成、积累

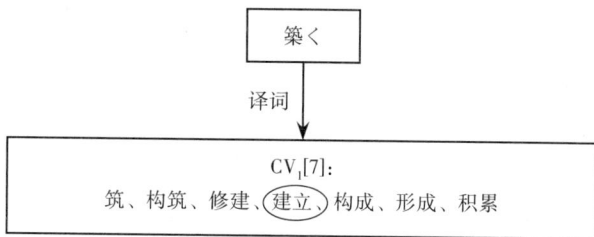

图7-5 判断"建立基础"是否为「基礎を築く」逐词对译的判断程序

注：JV$_0$：築く、CV$_0$：建立、CV$_1$：汉语译词、[7]：译词数量

三是理论与实践相结合的方法。本书根据认知心理学中的二语习得机制，分析测试学习者产出偏误搭配的原因，探讨影响词语搭配习得的各种因素。

以上是为本书对第二语言习得实践方面的贡献。

7.3.3 教学指导方面

长期以来，针对日本汉语学习者动宾搭配习得情况进行详细分析的研究数量有限。本书通过对比初、中级被试组动宾搭配习得情况的差异，深入分析并详细梳理了在日汉语教学下的初、中级水平学习者动宾搭配的使用状况、习得情况、偏误原因和影响因素。依据研究结果阐明了日本学习者较难习得的动宾搭配类型、较难习得的原因、从中可获得哪些教学启示等问题。

本书的研究结果，打破了二语习得研究领域里一直以来多以"词汇习得"为对象的研究框架，为各位研究者提供了以"词语搭配习得"为对象的新研究视角，扩宽了研究空间。同时，笔者用于本研究而自行构建的"日本本土初级汉语教材语料库"、研究结果中大量关于日本初级汉语教材的统计数据以及日本初中级学习者的习得分析数据，可为在日汉语教学提供有效教学指导的基础数据资料。

以上是本书对第二语言习得教学指导方面的贡献。

7.4　今后的课题

　　本书提出并解决了一些关于日本汉语学习者动宾搭配习得的重要课题，但依旧存在遗留课题，有待今后进一步考究。如能得以攻克并解决，日本汉语学习者动宾搭配习得的研究将得到进一步发展。

　　（1）更大规模的数据分析。笔者利用日本各大学汉语专业近年使用的8本一年级教材自行构建了初级汉语教材语料库，共计654544字。期望今后可以更广泛地收集教材，将该语料库进一步扩大和完善，这样将有助于对教师与学习者的"纽带"——教材，进行更全面、更准确的分析。此外，目前该语料库是不包含任何标准信息的生文本，希望今后进一步整理加工，建设为具有"词性标注"、"可分词"等功能的操作性较强的语料库，为日本本土初级汉语教材的研究分析提供文本支持。

　　本研究中，利用了64名日本初、中级汉语学习者对20个典型动宾搭配接受性和产出性知识习得的实验数据，还利用了48名日本初级汉语学习者对16个典型动宾式离合词离析形式的接受性和产出性知识习得的实验数据。上述数据中被试人数和典型搭配数量较少，在试题设计方面还存在不足，这些方面会对实验数据的信度产生一定影响。今后，应收集更多的日本汉语学习者的习得数据，尤其是产出性搭配习得数据，以提高研究结果的可信度，更全面、准确地对动宾搭配的习得问题展开研究。

　　（2）词语搭配习得能力测试的开发。本研究结果与 Bahns and Eldraw（1993）、Howarth（1998）、Murao（2004）、及 Laufer and Waldman（2011）等相同，结果均显示：学习者的一般词汇量与词语搭配能力的发展不共时。从这一点上看，通过一般的语言测试来分析学习者的搭配习得能力是缺乏可信度的，应该从更大范围、更广视角审视学习者对词语搭配的实际运用能力。目前的研究中，由于检验搭配运用能力的测试在以汉语作为第二语言的研究成果仍较少，因此在今后的研究中应该更多地借鉴以英语作为第二语言的搭配习得研究中的测试方式，这些测试方式理据性高、可操作性强、在信度方面已得到了检验，例如：判断搭配正误或判断搭配在该语境中使用正误的试题（Bonk，2000；Gyllstad，2005）、关于词语搭配的COLLMATCH[①]试题（Granger，1998；Komori，2003；Gyll-stad，2005）以及关于词语搭配的完形填空和翻译试题（Bahns & Eldaw，1993）等。今后应对这些研究内容深入分析，进一步深化以汉语作为第二语言的搭配习得能力测试的研究与开发。

（3）客观判断习得影响因素的分析方法。本书分别考查了3组、6个因素（日汉有相同语素/日汉无相同语素、动词是基本义/动词非基本义、动宾为离析形式/动宾非离析形式）对典型动宾搭配习得的影响。除了对以上因素进行深入探讨以外，我们还应该针对搭配本身的复杂性：如搭配的语义透明度、搭配中各成分的语义透明度、复现频次、被试答题速度等因素进行深入分析，扩大动宾搭配的研究视角。

为提高日本汉语学习者词语搭配的运用能力和实现在日汉语教学的有效性，我们将以上课题作为研究对象，今后将继续深入研究。

---

① Gyllstad（2009）提出的一种通过Yes或No来回答是否知道该搭配的测试方式。

参考文献

■ 中文文献

（一）论文

[1] 常敬宇.语义在词语搭配中的作用：兼谈词语搭配中的语义关系[J].汉语学习，1990（6）：4-8.

[2] 车晓庚.惯用语在对外汉语教学中的难点与应对策略[J].语言文字应用，2006（2）：33-35.

[3] 程月.现代汉语动宾搭配多角度考查及其自动识别[D].南京：南京师范大学，2008.

[4] 邓耀臣.词语搭配研究中的统计方法[J].大连海事大学学报，2003，2（4）：74-77.

[5] 邓耀臣.学习者语料库与第二语言习得研究述评[J].外语界，2007（1）.

[6] 邓耀臣，王同顺.词语搭配抽取的统计方法及计算机实现[J].外语电化教学，2005（105）：25-30.

[7] 丁容容，何福胜.中国学习者英语口语中强势语的用法研究[J].外语教学，2006（5）：32-36.

[8] 端木三.重音理论和汉语的词长选择[J].中国语文，1999（4）：246-254.

[9] 方艳.论词语搭配与对外汉语教学[J].连云港职业技术学院学报，2002（3）：58-61.

[10] 冯胜利.论汉语的"自然音步"[J].中国语文,1998(1):40-47.

[11] 高建忠.汉语动宾搭配的自动识别研究[D].北京:北京语言文化大学,2000.

[12] 桂诗春.外语教学的认知基础[J].外语教学与研究,2005(4):243-249.

[13] 何清强.语义关系与汉语动宾结构的习得顺序[J].汉语学习,2014(3):97-103.

[14] 洪炜,冯聪.促进抑或阻碍:语义相关性在二语词汇搭配学习中的效应[J].现代外语,2014(1):96-106.

[15] 蒋吉灵.现代汉语宾语语义类型分析及习得研究:以"吃+O"的结构为例[D].武汉:中南民族大学,2012.

[16] 江新.词汇习得研究及其在教学上的意义[J].语言教学与研究,1998(3):65-73.

[17] 李葆嘉.汉语的词语搭配和义征的提取辨析[J].兰州大学学报,2003(6):1-9.

[18] 李佳.基于认知心理学的动宾搭配教学应用研究:以日本学习者为例[J].中国語教育,2016(14).

[19] 李佳.日本本土初级汉语教材中的动宾搭配考查:以新HSK1、2级名词为对象[C]//全球化的中文教育:教学与研究.北京:中央民族大学出版社,2017.

[20] 李佳.初级日本汉语学习者的动宾式离合词习得现状及分析[J].汉语与汉语教学研究(樱美林大学孔子学院),2017(8).

[21] 李佳.典型动宾搭配的接受性习得与产出性习得的对比分析:以日本中级学习者为对象[J].中国語教育,2018(16).

[22] 李玲.大学生英语写作用词搭配特点研究[J].湖北第二师范学院学报,2011(4):28-30.

[23] 李禄兴.谈对外汉语词典被释词的搭配原则:以"交流"为例[J].语言应用研究,2015(11):68-71.

[24] 李清华.谈离合词的特点和用法[J].语言教学与研究,1983(5).

[25] 李文中.基于COLEC中介语搭配及学习者策略分析[J].河南师范大学学报,2004(5):202-205.

[26] 李晓红. 基于语料库的EFFECT搭配行为对比研究 [J]. 外语教学，2004（6）：21-24.

[27] 李晓琪. 关于建立词汇：语法教学模式的思考 [J]. 语言教学与研究，2004（1）：23-29.

[28] 李雪松，舒华. 汉语及物动词词典中宾语信息的表征 [J]. 心理学探新，2004（4）：20-23.

[29] 刘清玉. 搭配分析和第二语言学习 [J]. 辽宁工程技术大学学报，2005（7）：215-217.

[30] 刘全福. 语境分析与褒贬语义取向 [J]. 中国科技翻译，1999（3）：2-5.

[31] 林杏光. 词语搭配的性质与研究 [J]. 汉语学习，1990（1）：7-13.

[32] 马萍. 留学生动宾式离合词习得研究 [J]. 汉语学习，2008（5）：108-112.

[33] 马挺生. 试谈词语搭配的形式和条件 [J]. 语言教学与研究，1986（3）.

[34] 濮建忠. 中国学生英语动词语法和词汇型式使用特点初探 [J]. 现代汉语，2000（1）：24-44.

[35] 全昌勤. 基于统计模型的词语搭配自动获取方法的分析与比较 [J]. 中文信息学报，2005（9）：55-57.

[36] 曲维光. 现代汉语词语组配和语境计算 [D]. 南京：南京师范大学，2005.

[37] 任海波，王刚. 基于语料库的现代汉语离合词形式分析 [J]. 语言科学，2005（4）：75-87.

[38] 汝利娜. 中日同形词对比及其对日汉语教学 [D]. 武汉：华中科技大学，2011.

[39] 申修瑛. 现代汉语词语搭配研究 [D]. 上海：复旦大学，2007.

[40] 税莲. 现代汉语词语搭配原理与动宾搭配研究 [D]. 成都：四川大学，2007.

[41] 宋玉柱. 词语搭配的类型及其性质 [J]. 世界汉语教学，1990（1）.

[42] 苏宝荣. 汉语语素组合关系与辞书释义 [J]. 辞书研究，1999（4）：7-16.

［43］ 苏彤.普通话早期儿童动宾结构习得研究［D］.首都师范大学，
2012.

［44］ 孙健，王伟，钟义信.基于统计的常用词搭配（Collocation）的发现方
法［J］.情报学报，2002（2）：12-16.

［45］ 孙茂松，黄昌宁，方捷.汉语搭配定量分析初探［J］.中国语文，
1997（1）：29-38.

［46］ 田宏梅.基于语料库研究"有点"的搭配与语义分布［J］.华文学报，
2006（3）：67-73.

［47］ 王初明.解释二语习得，连接论优于普遍语法［J］.外国语，2001
（5）：11-17.

［48］ 王初明.论外语学习的语境［J］.外语教学与研究，2007（3）：190-
197.

［49］ 王洪君.音节单双、音域展敛（重音）与语法结构类型和成分次序
［J］.当代语言学，2001（4）：241-252.

［50］ 王洪君.动物、身体两义场单字组构两字的结构模式［J］.语言研
究，2005（1）：1-11.

［51］ 汪慧慧.基于英汉动宾搭配对比的留学生词汇习得研究［D］.北京：
北京语言大学，2010.

［52］ 王静.留学生汉语宾语习得难度研究［J］.海外华文教育，2007
（3）：36-42.

［53］ 王素格，杨军玲，张武.自动获取汉语词语搭配［J］.中文信息学
报，2006（6）：31-37.

［54］ 王希杰.论词语搭配的规则和偏离［J］.山东师范大学学报，1995
（1）：100-104.

［55］ 王霞.汉语动宾搭配自动识别研究［D］.北京：北京语言大学，
2003.

［56］ 王炤.学生作文中的搭配错误和词汇教学［J］.宿州学院学报，2005
（1）：140-142.

［57］ 魏红.面向汉语习得的常用动词带宾语情况研究［D］.湖北：华中师
范大学，2008.

［58］ 魏兴，张文霞.汉语思维对英语搭配联系构建和搭配词汇输出的影

响 [J]. 现代外语, 2017 (2): 232-243.

[59] 卫乃兴. 基于语料库和语料库数据驱动的词语搭配研究 [J]. 当代语言学, 2002 (2): 165-175.

[60] 卫乃兴. 搭配研究50年: 概念的演变与方法的发展 [J]. 解放军外国语学院学报, 2003 (2): 11-15.

[61] 文炼. 词语之间的搭配关系 [J]. 中国语文, 1982 (1).

[62] 吴琼, 周保国. 汉语非常规动宾搭配理解层级性的实证研究 [J]. 汉语学习, 2014 (6): 91-96.

[63] 吴云芳, 段慧明, 俞士汶. 动词对宾语的语义选择限制 [J]. 语言文字应用, 2005 (2): 121-128.

[64] 肖贤彬, 陈梅双. 留学生汉语动宾搭配能力的习得 [J]. 汉语学报, 2008 (1): 70-78.

[65] 辛平. 面向对外汉语教学的动名搭配研究: 基于学习者动名搭配常用度标注结果的分析 [J]. 云南师范大学学报, 2008 (5): 7-13.

[67] 邢红兵. 基于联结主义理论的第二语言词汇习得研究框架 [J]. 语言教学与研究, 2009 (5): 66-73.

[68] 邢红兵. 词语搭配知识与二语词汇习得研究 [J]. 语言文字应用, 2013 (4): 117-136.

[69] 闫丽俐. 听读交互模式下的词汇搭配知识附带习得研究 [J]. 外语电化教学, 2015 (4): 23-28.

[70] 杨同用, 司敬新. 搭配类型与对外汉语实词搭配词典的编纂 [J]. 辞书研究, 2007 (2): 62-70.

[71] 盈俐. 语义·搭配·英语学习 [J]. 西南政法大学学报, 2004 (6): 105-107.

[72] 赵淑华, 张宝林. 离合词的确定及对其性质的再认识 [J]. 语言教学与研究, 1996 (1): 40-51.

[73] 赵金铭. 能扩展的"动+名"格式的探讨 [J]. 语言教学与研究, 1984 (2).

[74] 张博. 组合同化: 词义衍生的一种途径 [J]. 中国语文, 1999 (2): 129-136.

[75] 張恒悦, 古川裕. 基于日语母语者偏误分析的在日汉语语法教学

［J］．中国語教育，2018（16）.

［76］ 张军，李文中．COLEC 中动名搭配模式及失误分析［J］．外语教学，2004（4）：30-32.

［77］ 张国宪．"动+名"结构中单双音节动作动词功能差异初探［J］．中国语文，1989（3）.

［78］ 张国宪．单双音节动词充当句法成分功能差异考察［J］．淮北煤师院学报，1989（3）：116-123.

［79］ 张国宪．单双音节动词语用功能差异探索［J］．汉语学习，1989（6）.

［80］ 张国宪．"V$_{双}$+N$_{双}$"短语的理解因素［J］．中国语文，1997（3）：176-186.

［81］ 张萍．对单词联想测试选词和反应分类标准的再思考［J］．解放军外国语学院学报，2010（1）：41-45.

［82］ 张世禄．词义和词性的关系［J］．语文研究，1956（7）.

［83］ 张颂．汉语动名述宾组配的选择机制及其认知基础［D］．上海：上海师范大学，2007.

［84］ 张文忠，陈水池．EFL学习者习得英语形：名搭配知识的定量研究［J］．外语教学与研究，2006（4）：251-258.

［85］ 张文忠，杨士超．中国学习者英语语料库中动名搭配错误研究［J］．解放军外国语学院学报，2009（2）：39-44.

［86］ 钟锓．谈怎样区别词和语［J］．中国语文，1954（12）.

［87］ 钟珊辉．基于语料库的Seek搭配行为对比研究［J］．外国语文，2009（5）：36-40.

［88］ 邹金屏．Collocation 在词汇教学中的地位［J］．西北工业大学学报，2000（2）：40-41.

［89］ 周国光．汉语儿童习得述宾结构状况的考察［J］．语言文字应用，1996（3）：48-54.

［90］ 周明亚．词语搭配现象与大学英语词汇教学［J］．外语界，2003（2）：155.

［91］ 周榕，吕丽珊．输入增显与任务投入量对英语词汇搭配习得影响的实证研究［J］．现代外语，2010（1）：81-88.

［92］ 周上之．离合词是不是词？［J］．华文教学与研究，2001（4）：14-46.

［93］ 朱永生.搭配的语义基础和搭配研究的实际意义［J］.外国语，1996
（1）：14-18.

（二）著书

［1］ 陈光磊.汉语词法论［M］.上海：学林出版社，2001.

［2］ 陈小荷.动宾组合的自动获取与标注［M］//计算语言学文集（全国第
五届计算语言学联合学术会议论文集.北京：清华大学出版社，
1999.

［3］ 范烨.注意在二语动名搭配习得中的差别效应［M］.上海：复旦大学
出版社，2009.

［4］ 符淮青.词义的分析和描写［M］.北京：语文出版社，1996.

［5］ 符淮青.词典学词汇学语义学文集［M］.北京商：务印书馆，2004.

［6］ 蒋绍愚.关于汉语词汇系统及其发展变化的几点想法［M］//汉语词汇
语法史论文集.北京：商务印书馆，2000.

［7］ 金锡谟.合成词中的双音离合动词［M］//语言论集：第二辑.北京：中
国人民大学出版社，1984.

［8］ 李斌.动宾搭配的语义分析和计算［M］.北京：世界图书出版公司
2011.

［9］ 李晋霞.现代汉语动词直接做定语研究［M］.北京：商务印书馆，
2008.

［10］ 李临定.现代汉语动词［M］.北京：中国社会科学出版社，1990.

［11］ 李红印.现代汉语颜色词语义分析［M］.北京：商务印书馆2007.

［12］ 陆志韦.汉语的构词法［M］.北京：科学出版社，1957.

［13］ 吕叔湘.汉语语法分析问题［M］.北京：商务印书馆1979.

［14］ 苏宝荣.词义研究与辞书释义［M］.北京：商务印书馆，2000.

［15］ 苏新春.汉语词义学［M］.广州：广东教育出版社，1997.

［16］ 孙宏林.词语搭配在文本中的分布［C］//中文信息处理国际会议论
文集.北京：清华大学出版社，1997.

［17］ 刘叔新.汉语描写词汇学［M］.北京：商务印书馆，2005.

［18］ 刘润清.论大学英语教学［M］.北京：外语教学与研究出版社，1999.

[19]　罗常培.语言与文化[M].北京：北京出版社，2011.

[20]　齐沪扬.与名词动词相关的短语研究[M].北京：北京语言大学出版社，2004.

[21]　乔姆斯基.句法结构[M].邢公畹，等译.北京中国社会科学出版社，1979.

[22]　王灿龙.句法组合中单双音节选择的认知解释[M]//语法研究和探索.北京：商务印书馆，2002.

[24]　王海峰.现代汉语离合词离析形式功能研究[M].北京：北京大学出版社，2011.

[25]　王惠.现代汉语名词词义组合分析[M].北京：北京大学出版社，2004.

[26]　卫乃兴.词语搭配的界定与研究体系[M].上海：上海交通大学出版社，2002.

[27]　辛平.面向对外汉语教学的常用动词V+N搭配研究[M].北京：世界图书出版公司，2014.

[28]　邢公畹.语词搭配问题是不是语法问题[M].语言论集.北京：商务印书馆，1980.

[29]　徐通锵.基础语言学教程[M].北京：北京大学出版社，2001.

[30]　张诒三.词语搭配变化研究：以隋前若干动词与名词的搭配变化为例[M].济南：齐鲁书社出版，2005.

[31]　张志毅，张庆云.词和词典[M].北京：中国广播电视出版社，1994.

[32]　张志毅，张庆云.词汇语义学[M].北京：商务印书馆，2005.

[33]　周上之.HSK双音动宾结构考查[M]//对外汉语论丛.上海：上海外语教育出版社，1998.

[34]　周祖谟.汉语词语知识讲话[M].北京：人民教育出版社，1959.

🔲 日文文献

[1]　石川慎一郎.英語コーパスと言語教育[M].東京：大修館書店，2008.

［2］ 井狩幸男.生きた言葉を習得するための英語教育―母語獲得と脳科学の研究成果を踏まえて―［D］.大阪：大阪市立大学，2009.

［3］ 川瀬生郎.日本語教材開発・教科書作成に関する課題［J］.日本語教育，2007，135：23-28.

［4］ 砂川有里子.日本語教育へのコーパスの活用に向けて［J］.日本語教育，2011，150：4-18.

［5］ 滝沢直宏.コロケーションに関わる誤用：日本語学習者の作文コーパスに見られる英語母語話者の誤用例から［C］.日本語学習者の作文コーパス：電子化による共有資源化：平成8年度～平成10年度科学研究費補助金基盤研究，1999：77-89.

［6］ 李文平.中国人日本語学習者のためのコロケーション学習の指導法に関する基礎的な研究―作文データに基づく「名詞＋を＋動詞」のコロケーションを中心に［D］.名古屋：名古屋大学，2015.

［7］ 小宮千鶴子.連語の研究―表現研究への広がり―［J］.早稲田日本語研究，2003（11）：44-49.

［8］ 秋元美晴，有賀千佳子.ペアで覚えるいろいろなことば―初・中級学習者のための連語の整理―［M］.東京：武蔵野書院，1996.

［9］ 中日・日中辞典（第2版）［M］.東京：日本小学館出版，2010.

［10］ 大名力.コーパス利用の落とし穴［M］//堀正広.これからのコロケーション研究.東京：ひつじ書房，2012：25-52.

［11］ 三好裕子.共起表現による日本語中級動詞の指導方法の検討 ―動詞と共起する語のカテゴリー化を促す指導の有効性とその検証―［J］.日本語教育，2011，150：101-115.

英文文献

［1］ Aitchison Jean. Understanding words ［J］. Language and understanding, 1994: 83-95.

［2］ Bahns Jens, Moira Eldaw. Should we teach EFL students collocations? ［J］. System 1993, 21(1): 101-114.

[3] Kingdom, Frederick A A, Barbara Blakeslee, et al. McCourt. Brightness with and without perceived transparency: When does it make a difference? [J]. Perception 1997, 26(4): 493–506.

[4] Biskup Danuta. L1 influence on learners' renderings of English collocations: A Polish/German empirical study [J]. Vocabulary and applied linguistics., 1992: 85–93.

[5] Bonk William J. Testing ESL Learners' Knowledge of Collocations, 2000.

[6] Carolie M T. Relating colocations to foreign language learning [D]. University of Reading, Reading, United Kingdom, 1998.

[7] Chan Tun-pei, Hsien-Chin Liou. Effects of web-based concordancing instruction on EFL students' learning of verb-noun collocations [J]. Computer assisted language learning, 2005, 18(3): 231–251.

[8] Choueka Y Klein T, Neuwitz E. Automatic Retrieval of Frequent Idiomatic and Collocational Expressions in a Large Corpus [J]. Journal for Literary and Linguistic Computing, 1983(4): 273–297.

[9] Church Kenneth, Patrick Hanks. Word association norms, mutual information, and lexicography [J]. Computational linguistics, 1990, 16(1): 22–29.

[10] Cobb Tom. Analyzing late interlanguage with learner corpora: Quebec replications of three European studies [J]. Canadian Modern Language Review 2003, 59(3): 393–424.

[11] Corder Stephen Pit. Introducing applied linguistics: Penguin Education [M]. Penguin Books, 1973.

[12] Cronbach Lee J. An analysis of techniques for diagnostic vocabulary testing [J]. The journal of educational research 1942, 36(3): 206–217.

[13] Durrant Philip, Norbert Schmitt. Adult learners' retention of collocations from exposure [J]. Second language research 2010, 26(2): 163–188.

[14] Ellis Rod, Rod R Ellis. The study of second language acquisition] [D]. Oxford University, 1994.

[15] Ellis Nick C. Reflections on frequency effects in language processing [J]. Studies in second language acquisition 2002, 24(2): 297–339.

［16］ Faerch Claus, Gabriele Kasper. Perspectives on Language Transfer ［J］. Applied Linguistics, 1987, 8(2): 111–36.

［17］ Fillmore Charles J, Beryl T Atkins. Toward a frame–based lexicon: The semantics of RISK and its neighbors ［J］. Frames, fields and contrasts: New essays in semantic and lexical organization, 1992, 75: 102.

［18］ Friederici A D, Pfeifer E, Hahne A. Event-related brain potentials during natural speech processing: Effects of semantic, morphological and syntactic violations ［J］. Cognitive brain research, 1993, 1(3): 183–192.

［19］ J R Firth. Papers in Linguistics 1934–1951 ［M］. London: Oxford University Press, 1951.

［20］ Firth John R. A synopsis of linguistic theory, 1930–1955 ［M］. Studies in linguistic analysis, 1957.

［21］ Gass S M, Mackey A. Frequency effects and second language acquisition: A complex picture? ［J］. Studies in Second Language Acquisition, 2002, 24(2): 249–260.

［22］ Granger S. Prefabricated patterns in advanced EFL writing: Collocations and lexical phrases ［J］. Phraseology: Theory, analysis and applications, 1998: 145–160.

［23］ Gitsaki C. Second language lexical acquisition: A study of the development of collocational knowledge ［M］. International Scholars Publications, 1999.

［24］ Goldberg Adele E. Constructions at Work: The Nature of Generalization in Language ［M］. Oxford University Press, 2006.

［25］ Gyllstad H. Words that go together well: Developing test formats for measuring learner knowledge of English collocations ［J］. The department of English in Lund: Working papers in linguistics, 2005, 5: 1–31.

［26］ Halliday, Michael A K. Lexis as a linguistic level ［J］. memory of JR Firth, 1966, 148: 162.

［27］ Hasselgren A. Lexical teddy bears and advanced learners: A study into the ways Norwegian students cope with English vocabulary ［J］. International Journal of Applied Linguistics, 1994, 4(2): 237–258.

[28] Henriksen B. Three dimensions of vocabulary development [J]. Studies in second language acquisition, 1999, 21(2): 303–317.

[29] Hindle D. Noun classification from predicate-argument structures [C]// 28th Annual meeting of the Association for Computational Linguistics, 1990: 268–275.

[30] Hoey M. Lexical priming: A new theory of words and language [M]. Routledge, 2005.

[31] Howarth Peter. The phraseology of learners' academic writing [J]. Phraseology: Theory, analysis, and applications, 1998 (161186).

[32] Hunston, Susan. Corpora in applied linguistics. Cambridge University Press, 2022.

[33] Jiang N. Lexical representation and development in a second language [J]. Applied linguistics, 2000, 21(1): 47–77.

[34] Joe A. Text-based tasks and incidental vocabulary learning [J]. Second Language Research, 1995, 11(2): 149–158.

[35] Jones Susan, J McH Sinclair. English lexical collocations-A study in computational linguistics [J]. Classiques Garnier, 1974, 24(1): 17–63.

[36] Katz J J, Fodor J A. The structure of a semantic theory [J]. Language, 1963, 39(2): 170–210.

[37] Kellerman E. Towards a characterisation of the strategy of transfer in second language learning [J]. Interlanguage Studies Bulletin, 1977: 58–145.

[38] Kellerman E. Giving learners a break: Native language intuitions as a source of predictions about transferability [J]. Working Papers on Bilingualism Toronto, 1978 (15): 59–92.

[39] Kellerman E. Transfer and non-transfer: Where we are now [J]. Studies in second language acquisition, 1979, 2(1): 37–57.

[40] Kilgarriff Adam, et al. Itri-04-08 the sketch engine [J]. Information Technology, 2004: 105–116.

[41] Komori S. A study of L2 lexical collocations of English-speaking learners of Japanese [J]. Acquisition of Japanese as a Second Language,

2003, 6: 33-51.

[42] Koya T. Collocation research into Japanese learners of English [D]. Unpublished master's thesis. University of Reading, Reading, United Kingdom , 1999.

[43] Koya T. A study of collocation in English and Japanese noun-verb combinations [J]. Intercultural communication studies, 2003, 12(1): 125-141.

[44] Taeko K O. The acquisition of basic collocations by Japanese learners of English [D]. Unpublished doctoral dissertation, Wasedo University, 2005.

[45] Ijaz I Helene. Linguistic and cognitive determinants of lexical acquisition in a second language [J]. Language learning , 1986, 36(4): 401-451.

[46] Laufer Batia, Tina Waldman. Verb-noun collocations in second language writing: A corpus analysis of learners' English [J]. Language learning, 2011, 61(2): 647-672.

[47] Lin Dekang. Extracting collocations from text corpora [M]//First workshop on computational terminology, 1998: 57-63.

[48] Lu Bingfu, San Duanmu. A case study of the relation between rhythm and syntax in Chinese [C]. The Third North America Conference on Chinese Linguistics, 1991.

[49] Melka Francine. Receptive vs. productive aspects of vocabulary [J]. Vocabulary: Description, acquisition and pedagogy, 1997, 33(2): 84-102.

[50] Murao Remi. L1 influence on learners' use of high-frequency verb+noun collocations [J]. ARELE: annual review of English language education, 2004(15): 1-10.

[51] Nation, Paul. "Teaching and learning vocabulary." Handbook of Practical Second Language Teaching and Learning. Routledge, 1990: 397-408.

[52] Nesselhauf Nadja. The use of collocations by advanced learners of English and some implications for teaching [J]. Applied linguistics, 2003,

24 (2): 223–242.

[53] Nesselhauf Nadja. Collocations in a learner corpus [C]. John Benjamins Publishing, 2005.

[54] Pawley Andrew, Frances Hodgetts Syder. Two puzzles for linguistic theory: Nativelike selection and nativelike fluency [J]. Language and communication. Routledge, 2014: 203–239.

[55] Pustejovsky James. The Generative Lexicon [J]. Computational Linguistics, 1991, 17(4): 409–441.

[56] Reeves Lauretta M, Kathy Hirsh-Pasek, Roberta Golinkoff. Words and meaning: From primitives to complex organization [J]. Psycholinguistics, 1998(2): 157–226.

[57] Ringbom Håkan. The role of the first language in foreign language learning [J]. Multilingual Matters Limited, 1987, 34.

[58] Sinclair John, Les Sinclair. Corpus, concordance, collocation [M]. Oxford University Press, 1991.

[59] Sinclair John, Antoinette Renouf. A lexical syllabus for language learning [J]. Vocabulary and language teaching, 1988, 140: 60.

[60] Siyanova Anna, Norbert Schmitt. L2 learner production and processing of collocation: A multi-study perspective [J]. Canadian Modern Language Review, 2008, 64 (3): 429–458.

[61] Smadja Frank Z. Retrieving collocations from text: Xtract [J]. Computational linguistics, 1994, 19(1): 143–177.

[62] Stubbs Michael. Corpus evidence for norms of lexical collocation [C]. Principle and practice in applied linguistics: Studies in honour of HG Widdowson, 1995: 245–256.

[63] Sun Yu-Chih, Li-Yuch Wang. Concordancers in the EFL classroom: Cognitive approaches and collocation difficulty [J]. Computer Assisted Language Learning, 2003, 16(1): 83–94.

[64] Webb Stuart, Jonathan Newton, Anna Chang. Incidental learning of collocation [J]. Language learning, 2013, 63(1): 91–120.

[65] Webb Stuart, Eve Kagimoto. Learning collocations: Do the number of col-

locates, position of the node word, and synonymy affect learning? [J].
Applied Linguistics , 2011, 32(3): 259–276.

[66] Whorf Benjamin Lee. The relation of habitual thought and behavior to
language [M]. London: Sociolinguistics Palgrave, 1997: 443–463.

[67] Wolter Brent, Henrik Gyllstad. Collocational links in the L2 mental lexi-
con and the influence of L1 intralexical knowledge [J]. Applied Linguis-
tics, 2011, 32(4): 430–449.

[68] Woolard George. Collocation-encouraging learner independence [C].
Teaching collocation: Further developments in the lexical approach,
2000: 28–46.

附　录

附录1：收集共现搭配时使用的198个初级名词（选自《日本汉语初级阶段学习指导大纲》附表"按词类排列"）

天象类	天　太阳　月亮　天气　风　雨　雪　水　星星　火
地理类	风景　山　河　海　地震
理化现象	颜色　味道　声音　味儿
植物	树　花儿
粮菜、果品	菜　水果　苹果　橘子　香蕉　蔬菜
食品	饭　早饭　午饭　晚饭　面条　饺子　面包　肉　牛奶　糖　茶　汤　酒　咖啡　包子　点心　米饭　鸡蛋　开水　啤酒　烟　红茶
服装	衣服　裤子　帽子　鞋　袜子　衬衫　毛衣　大衣　裙子　手套
家具、生活用品	东西　桌子　椅子　床　筷子　灯　纸　笔　铅笔　钟　手表　冰箱　电脑　刀子　盘子　碟子　电灯　圆珠笔　黑板　书包　表　眼镜　伞　球　门　杯子　本子
人的身体、生理	身体　头　头发　脸　眼睛　鼻子　耳朵　嘴　牙　肚子　手　腿　脚　样子　脑袋　力量
体育、卫生、医药	运动　比赛　病　医院　药　毛病
社会团体、宗教	家　人民　家庭
政治、法律、经济	地方　钱　工作　事　办法　经济　价钱　生活　事情　成绩
交通、邮电、播放	路　车站　机场　车　火车　汽车　公共汽车　自行车　船　飞机票　邮局　信　邮票　电话　电视　手机　桥　电车　行李　信封　广播　电梯　出租汽车　地铁

续表

社会交际	话 汉语 日语 词 字 关系 礼物 语言 英语 中文 汉字 外语 会话
文化、教育、学术	学校 大学 高中 新闻 课本 地图 书 词典 班 课 中学 作业 科学 历史 消息 报 杂志 年级 练习 研究 考试
艺术、娱乐	歌儿 故事 电影 音乐 画儿 照片 钢琴
思想、感情	意思 问题 精神 意见 主意 爱好 兴趣
抽象名词及其他	水平 方法 情况 机会

附录2：典型动宾搭配产出性习得测试试题

解答は、問題文に従って、（　　　　）にご記入ください。（制限時間30分）

No.	日语句子	提示名词	汉语翻译	不使用提示名词的翻译
1	寝る前に薬を飲む	药	睡觉以前（　　　）。	
2	彼は白い服を着ている。	衣服	他（　　　）。	
3	昨日本を二冊読んだ。	书	昨天（　　　）。	
4	彼はデパートへ買い物に行った後に、郵便局に行った。	东西	他去百货商店（　　　），去邮局。	
5	彼は車を運転できない。	车	他不会（　　　）车。	
6	彼らは授業中です。	课	他们在（　　　）。	
7	私達は一時間コーヒーを飲んでいた。	咖啡	我们（　　　）。	
8	映画を見に行きたくない。	电影	我不想去（　　　）。	
9	彼は飛行機で上海に行く。	飞机	他（　　　）去上海。	
10	私は中国語が話せる。	汉语	我会（　　　）。	

续表

No.	日语句子	提示名词	汉语翻译	不使用提示名词的翻译
11	私たちは生産の基準を上げなければならない。	标准	我们应该（　　）。	
12	この案件を法律に基づいて処理する。	法律	（　　）办理这个案件。	
13	新しい管理の仕方を取り入れる。	方法	（　　）。	
14	香港に事務所を構えて、アジア進出への布石を打つ。	基础	在香港设立办事处，为走向亚洲（　　）。	
15	予定通りに計画を進める。	计划	按照预定（　　）。	
16	真面目に経験と教訓を総括する。	经验	认真地（　　）。	
17	われわれは必ず困難に打ち勝つ。	困难	我们一定要（　　）。	
18	実情とにらみ合わせて処理する。	实际	（　　）进行处理。	
19	このチームは優勝できる条件がそろっている。	条件	这个队（　　）。	
20	ユーザーに意見を求める。	意见	向用户（　　）。	

附录3：典型动宾搭配接受性习得测试试题

AからCの中から、正しい答えを一つ選んでください。（制限時間20分）

1.睡觉以前（　　）药。		
A吃	B喝	C饮
2.他（　　）着一件白衣服。		
A着	B穿	C履

续表

3. 我昨天（　　）了两本书。		
A 阅	B 见	C 看

4. 他去百货商店（　　）完东西后，去邮局。		
A 卖	B 买	C 购

5. 他不会（　　）车。		
A 开	B 乘	C 坐

6. 他们在（　　）课。		
A 上	B 开	C 做

7. 我们（　　）了一个小时咖啡。		
A 饮	B 吃	C 喝

8. 我不想去（　　）电影。		
A 见	B 看	C 观

9. 他（　　）飞机去上海。		
A 坐	B 上	C 用

10. 我会（　　）汉语。		
A 话	B 言	C 说

11. 我们应该（　　）生产标准。		
A 提高	B 升高	C 抬高

12. （　　）法律办理这个案件。		
A 遵照	B 依照	C 听从

13. （　　）新的管理方法。		
A 使用	B 取得	C 采用

14. 在香港设立办事处，为走向亚洲（　　）基础		
A 建	B 打下	C 完成

15. 按照预定（　　）计划。		
A 实施	B 履行	C 举行

续表

16. 认真地（　　）经验。		
A 总结	B 综合	C 归纳
17. 我们一定要（　　）困难。		
A 战胜	B 征服	C 打败
18.（　　）实际进行处理。		
A 结合	B 联合	C 连接
19. 这个队（　　）获胜的条件。		
A 具备	B 持有	C 齐全
20. 向用户（　　）意见。		
A 询问	B 要求	C 征求

附录4：典型动宾式离合词离析形式接受性测试试题

一、背景

姓名：_____　　　　大学_____年生　　　　記入日_____月_____日

所属教育機関：

中国語の学歴：　　　　　年　　　　月

資格がございましたら、ご記入ください。
① HSK_____級　　　② 中国語検定_____級　　　③ 他：_____

二、選択問題

正解を選んでください、二つ以上の正解がある場合もございます。（　）の中は日本語訳です。（制限時間20分）

1. 帮忙：（彼は私を助けたことがある。） A. 他帮忙过我。 B. 他帮过忙我。 C. 他给我帮忙过。 D. 他帮过我的忙。	2. 毕业：（10年前、彼は大阪大学を卒業しました。） A. 他10年前从大阪大学毕业了。 B. 他10年前大阪大学毕业了。 C. 他10年前毕业于大阪大学。 D. 他10年前毕业大阪大学。
3. 唱歌：（私は一つ歌を歌ってもいいですか?） A. 我可以唱歌一个吗? B. 我可以唱一首歌吗? C. 我可以一首唱歌吗? D. 我可以唱一歌吗?	4. 出差：（昨年、彼は一度だけ出張した事がある。） A. 去年他只出过一次差。 B. 去年他只出了一次差。 C. 去年他只出一次差过。 D. 去年他只出差过一次。
5. 见面：（私は王先生と一度学校で会いました。） A. 我在学校跟王老师见了一次面。 B. 我在学校见了一次王老师的面。 C. 我在学校一次见面王老师。 D. 我在学校见面王老师一次。	6. 结婚：（彼は彼女と2度、結婚したことがある。） A. 他和她两次结婚。 B. 他结婚两次她。 C. 他和她结两次婚。 D. 他和她结了两次婚。
7. 开车：（彼は運転しながら音楽を聞いていた。） A. 他一边开着车，一边听着音乐。 B. 他一边开车着，一边听着音乐。 C. 他一边开了车，一边听了音乐。 D. 他一边开车了，一边听了音乐。	8. 考试：（試験が終わるとすぐに休暇が始まった。） A. 我们一考试就放假了。 B. 我们一考完试就放假了。 C. 我们一考试完就放假了。 D. 我们一考试了就放假了。
9. 聊天：（彼らは会うとすぐ話し始めました。） A. 他们一见面就开始聊天。 B. 他们一见面就聊天起来。 C. 他们一见面就聊起天来。 D. 他们一见面就聊起来天。	10. 请假：（最近仕事がとても忙しくて、休めない。） A. 最近工作很忙，请不了假。 B. 最近工作很忙，没有请假。 C. 最近工作很忙，请假不了。 D. 最近工作很忙，连假也请不了。

续表

11. 散步：（夕飯の後、私たちは少し公園に散步に出かけます。） A. 吃晚饭以后我们去公园散步散步。 B. 吃晚饭以后我们去公园散散步步。 C. 吃晚饭以后我们去公园散散步。 D. 吃晚饭以后我们去公园散步一下。	12. 生气：（私はお母さんに怒っている。） A. 我生气妈妈。 B. 我对妈妈生气。 C. 我生妈妈的气。 D. 我让妈妈生气。
13. 跳舞：（彼女はダンスが上手です。） A. 她跳舞跳得特别好。 B. 她跳舞得特别好。 C. 她特别好地跳舞。 D. 她跳舞得好极了	14. 游泳：（今日、彼女は一時間水泳をしました。） A. 她今天游泳了一个小时。 B. 她今天游了泳一个小时。 C. 她今天一个小时游泳了。 D. 她今天游了一个小时的泳。
15. 照相：（友達を私は一枚の写真に撮って上げました。） A. 我给朋友照相一张照片了。 B. 我给朋友照了一张照片。 C. 我给了朋友一张照相。 D. 我给朋友照了一张相。	16. 睡觉：（昨日二時間しか寝なかった。） A，昨天晚上我只两个小时睡觉了。 B. 昨天晚上我只睡觉了两个小时。 C. 昨天晚上我只睡两个小时觉。 D. 昨天晚上我只睡了两个小时觉。

ご協力ありがとうございました

附录5：典型动宾式离合词离析形式产出性测试试题

日本語を中国語に訳して、（　　　）にご記入ください。（制限時間30分）

提示词	日语句子	汉语翻译
1.帮忙/帮助	手伝ってもらえますか?	
2.游泳	今日彼女は一時間水泳をしました。	
3.请假	最近仕事が忙しいので、お休みが取れない。	
4.散步	晚御飯の後、公園に散步にいきましょう。	
5.生气	お母さんは私を怒った。	

续表

提示词	日语句子	汉语翻译
6.睡觉	私は昨日たった2時間しか寝ていない。	
7.跳舞	彼女はダンスが上手です。	
3.请假	最近仕事が忙しいので、お休みが取れない。	
9.洗澡	彼はお風呂に入ってから寝ました。	
10.照相	私は友達の写真を3枚撮った。	

ご協力ありがとうございました

附录6：34个在日汉语教学初级动宾离合词一览表

帮忙	滑冰	滑雪	结婚	聊天	生气
放假	见面	看病	考试	劳驾	努力
跑步	起床	请假	散步	上课	上学
睡觉	跳舞	问好	握手	洗澡	下课
游泳	着急	照相	注意	发烧	走路
开车	关门	换钱	减肥		

后 记

　　我愿意把攻读硕博课程的这段心路历程喻为"跋"。我要感谢在这场跋涉中伴我同行过的所有人。

　　首先感谢我的指导老师大阪大学人文学研究科教授古川裕5年来对我的悉心指导，您让我更深刻地感受到了学汉语的乐趣和教汉语的深奥，受益匪浅，对我的研究和工作给予了莫大的启示。

　　感谢我的父亲李树果对论文反复细致的修改和中肯的意见，在写作领域，您永远是我值得尊敬、学习的老师。感谢我的母亲梁丽艳对我的理解和鼓励，谢谢您在困难中给予我前行下去的勇气和动力。

　　感谢丈夫一谷勇一郎对我的默默支持，没有你无怨无悔的成全和生活中点点滴滴的分担，我很难完成5年学业和本篇论文。

　　感谢優果和佳树，因为你们，我在努力地成为更好的自己。

　　感谢大阪大学言语社会专业的所有伙伴们，谢谢你们提出的有益建议和意见，促成了论文的顺利完成。

　　感谢所有的榜样。

　　感谢一个个朝阳还未升起的昏暗清晨，一个个咖啡店打烊才离开的夜晚。

　　一路走来，踉跄急促。所谓结束便意味着一个新的开始，面向未来，我仍会笃行不怠、砥砺前行。

李　佳

2020 年 12 月